JN006334

アガルートの
司法試験・予備試験
実況論文講義

商 法

アガルートアカデミー 編著

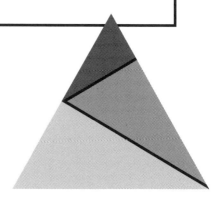

AGAROOT
ACADEMY

はしがき

　法学の論文式問題を正確に処理できるようになるためのプロセスは，概ね以下の通りです。

① 大学の授業や予備校の基礎講座・入門講座などで，基本的な法学の知識を身に着ける
　　　　　↓
② 法学の論文式試験の問題の処理パターンを学ぶ
　　　　　↓
③ ②で学んだパターンを実践し，実際に答案を作成する
　　　　　↓
④ ②で学んだパターンを使いこなし，より難易度の高い応用問題にチャレンジする

　本書は，大学の授業や予備校の基礎講座・入門講座などで一通り基本的な法学の知識を身に着けた方（①のステップを修了した方）が，本格的な論文式問題にチャレンジするための橋渡しを目的としています。上記で言えば，②から③のステップです。

　したがって，本書に掲載されている問題は，司法試験のレベルには及びませんし，予備試験や法科大学院入試で出題されている問題（これらの問題は，④のステップで取り扱うべきものです。）よりも簡単なもの，典型論点の繋ぎ合わせだけで処理できる，いわゆる典型問題が多くなっています。

　しかし，このステップは，実は非常に重要です。基本がしっかりと身に着いていなければ応用問題を処理できるはずがありません。これは，何も法学の論文式試験に限ったことではなく，例えば，数学でも，公式を教わったら，その後に基本例題で実際にそれを使った解き方が解説され，練習問題で自分の手を動かしながら訓練するのだと思います。応用問題はその後にようやく登場するものです。

　まずは，典型問題を正しい思考方法にしたがって，しっかりと処理することができるようになることが重要です。

＊

論文式試験問題を解く際は，大きく分けて以下のプロセスをたどります。

【STEP 1】問題文を読み，そこで問題となっている条文・判例などを特定する（問題文解析）
【STEP 2】答案構成をする（答案構成）
【STEP 3】実際に答案を書く（答案作成）

本書では，この【STEP 1】〜【STEP 3】の過程を丁寧に示しています。

中でも，【STEP 1】問題文解析に気を使って執筆しました。

法学の論文式試験を処理するに当たって学習者が苦労するのが，自分が身に着けた知識と目の前の問題を結び付ける作業です。

問題文に記載されているどの事実から必要な条文や判例の知識を引っ張り出せばよいのかが，なかなか分からないという方が多いようです。

【STEP 1】問題文解析が上手くできるようになるためには，法学の論文式試験全てに共通する「解き方」「書き方」を身に着けた上で，科目ごとの思考方法を知る必要があります。このうち，本書では，後者の方法論，すなわち，科目ごとの思考方法をお伝えします。

例えば，民法では，請求権パターン（当事者の請求→請求の法的根拠→要件→効果を順に特定すること），刑法では犯罪論体系（構成要件該当性→違法性→有責性の順に検討すること）など，科目ごとの思考方法があります。

これを身に着けることで，【STEP 1】問題文解析がスムーズにできるようになります。

本書では，まず，この思考方法に従って，問題文の事実から必要な判例や条文の知識を引っ張り出していく過程を明らかにしています。これが【STEP 1】問題文解析に相当する部分です。本書を読み進めることによって，筆者がどのようにして問題文を解析しているのかが分かり，自然と正しい思考方法が身に着くようにプログラムされています。

次に，【STEP 2】答案構成を示しています。答案構成は，【STEP 1】問題文解析で洗い出した知識を全て記載するのではなく，答案の流れを一読して理解することができるように，できる限りシンプルなものにしました。

最後に【STEP 3】答案作成に相当する部分として，解答例を示しています。【STEP 1】【STEP 2】を通じて答案に書くべきこと，その流れが分かったとしても，実際の答案では，なぜそのような表現になっているのか，なぜそのような分量で記載されているのかが分からなければ，学習効果が半減してしまいます。本書では，答案の欄外に，解答作成に当たっての留意点や表現方法の工夫等を記載していますので，適宜参照してください。

＊

　また，本書では，問題ごとに予備試験合格者による手書きの問題文メモ，答案構成，解答例を掲載しています。予備試験合格者がどのように問題文を解析し，答案構成をし，答案を作成したのか，そのプロセスを学ぶことによって，合格レベルにある受験生の思考過程を知り，目標とすべき到達点を認識することができるようになります。

　筆者の作成した解説・答案構成・解答例で論文式試験問題の処理のための正しい思考過程を学び，予備試験合格者による参考答案等で目標とすべき到達点を確認してください。

＊

　本書で科目ごとの思考方法を身に着けた後は，市販の問題集や予備校の講座等を用いて，問題演習を繰り返してください。本書にもある程度の問題数は掲載していますが，本書で身に着けた思考方法を自由自在に使いこなし，応用問題に耐え得るレベルにまで昇華させるためには，さらに練習を積む必要があります。

　典型論点を含む典型問題については，問題文を見た瞬間に解答が思い浮かぶレベルにまで訓練を積んでください。そうすることで，その部分については確実に得点をすること，司法試験などで問われる応用問題にじっくりと考えるだけの時間を確保することができるようになります。

　本書を用いて，多くの受験生が，論文式試験問題に対する正しい思考方法を身に着け，司法試験をはじめとする各種試験に合格されることを願って止みません。

2020（令和2）年1月

アガルートアカデミー

本書の利用方法

　百選番号は，商法判例百選〔初版〕，会社法判例百選〔第4版〕，手形小切手判例百選〔第7版〕に準拠しています。

＊

　まずは，本書の巻頭に付属する問題集を使って，自分で問題文を解析し，答案構成をしてみてください。時間があれば，実際に答案を作成してみてもよいでしょう。

　次に，解いた問題の解説・答案構成・解答例を読みます。その際には，解説に記載されているような正しい思考方法で問題文を解析することができていたかどうかを必ず確認してください。問題文を読んで，解説に記載されている条文・判例を思い出すことができなかった場合，正しい思考方法が身に着いていない可能性があります。解説を読んで，どのような思考方法で問題を処理すべきだったのかを確認し，自分の弱点を認識するようにしてください。

＊

　以上のようなマクロな視点で思考方法を確認すると同時に，解説に記載されている判例や学説の知識があやふやな場合には，自分が用いているテキストや論証集に戻って理解を確認するようにしましょう。問題を解く過程において，知識や理解を確認することで，効率的な学習が可能になります。

＊

　できなかった問題には，付箋を貼るなどして，問題を忘れた頃にもう一度チャレンジするようにしましょう。記憶が新鮮なうちに解き直してみても，記憶に頼って解答してしまっている可能性があり，本当に正しい思考方法が身に着いているのか確認できません。

　解き直してみた時に，以前と同じ誤りを犯してしまっている場合には，正しい思考方法が身に着いていない証拠です。再度正しい思考方法を確認し，徹底するように意識してください。

＊

なお，解説と同じような思考方法をたどることができた時点で，その問題はクリアしたとみてよいでしょう。クリアした問題は，例えば判例の規範部分を正確に再現できなかったとしても，再度解き直してみる必要はありません。それは，論証等，個々のパーツの精度を上げれば解消できる問題であって，思考方法そのものは正しく身に着いているからです。思考方法が正しく身に着いていれば，何度解き直しても同じような解答を導き出すことができます。

本書の見方

第2問

甲は、長年にわたり、①「甲」という商号でラーメン屋を営んできたが、競争の激化によって、売上げが激減し、営業活動を縮小せざるを得なくなった。
その後、②ラーメン甲の元従業員であったAが、以前ラーメン甲が入っていた部屋を賃借し、甲の了解を得ないまま③「甲」という商号でスポーツ用品店を始めた。Aは、「甲」と書かれたラーメン店の看板と店の外観を気に入っていたため、④看板の右上に小さく「スポーツ」と目立たないように書くにとどめ、自らの営業にも使用した。⑤甲は、このことに気が付いたが、最後まで自分を支えてくれたAを応援する気持ちで放置していた。
Aのスポーツ用品店の売上げは、当初は好調であったが、その後、伸び悩んでしまい、事実上の倒産状態に陥った。
⑥甲の営業だと誤信してAと取引したスポーツ用品の納入業者の乙は、甲に対して売掛金の弁済を求めることができるか。

出題論点

・名板貸人の責任の要件〜①「営業又は事業」に関して「商号」を使用すること .... A

・名板貸人の責任の要件〜②「許諾」......... A

・名板貸人の責任の要件〜③「誤認」......... A

問題処理のポイント

1　本問は、商法総則・商行為の分野から、名板貸人の責任に関する理解を問う問題です。
　名板貸人の責任は、平成に入ってから旧司法試験〔…〕です（平成6年度、平成15年度、平成19年度）。〔…〕験で出題実績がありませんが、今後問われる可能〔…〕しょう。
2　要件検討のポイントは、外観の存在にあります。〔…〕を重点的に検討することが多いのですが、商法では〔…〕重過失とされ、民法より緩和されています。その分〔…〕存在に移るということができるでしょう。本問でも〔…〕べき要件です。

10

冒頭の問題文には、○数字と下線を付しています。筆者がどのように問題文を解析しているかが分かり、自然と正しい思考方法が身に着くようになります。

問題となる出題論点の重要度を、重要度の高い順にA〜C※で表しています。論点ランクは、姉妹書『合格論証集』と同一です。

※論点ランクのA〜Cについて

A：頻出の論点。規範と理由付け（2つ以上）をしっかりと押さえ、問題に応じて、長短自在に操れるようになるべき

B：Aランクに比べれば、出題頻度が下がる論点。規範と理由付け1つを押さえておけば十分

C：時間がなければ飛ばしても良い

　本書掲載の論点は、重要なものを厳選していますが、皆さんの可処分時間に応じて、ランクに基づいた柔軟な学習をしてください。

解説中、重要論点は色太字で表しています。また、重要判例や結論部分には下線を付しています。

答案作成の過程

1 法的根拠

　本問では、⑥Aと取引した乙が、甲に対して売掛金の弁済を求めることができるかが問われていますので、その法的根拠について考えていくことになります。
　民法の原則からすれば、乙は、契約主体であるAに対して弁済を請求することになります。もっとも、⑥乙は、Aの営業を甲の営業と誤認しているため、名板貸人の責任（商法14条）追及をすることが考えられます。

2 要件検討

1　商法14条の要件
　商法14条は、「自己の商号を使用して営業又は事業を行うことを他人に許諾した商人は、当該商人が当該営業を行うものと誤認して当該他人と取引をした者に対し、当該他人と連帯して、当該取引によって生じた債務を弁済する責任を負う。」と定めています。その要件は、(a)名板借人が名板貸人の「営業又は事業」に関して「商号」を使用すること（外観の存在）、(b)名板貸人が商号を使用して営業を行うことを「許諾」すること（帰責性）、(c)相手方の「誤認」（相手方の信頼）の3つに分解できます。
　そこで、以下1つずつ要件を検討していきます。
　なお、本問とは関係がありませんが、仮に、甲がラーメン屋を廃業していた場合には、商法14条を直接適用することができません。同条は、名板貸人の責任を負う主体を「商人」に限定しているからです（同様の規定である会社法9条も、責任を負う主体を「会社」に限定しています。）。その場合には、商法14条の類推適用の可否を検討することになります。

2　要件(a)（外観の存在）
　本問で最も問題となるのが外観の存在です。確かに、Aは、①甲が営んでいたラーメン屋と同様の「甲」という商号を用いていますが、③Aが営んでいるのは、スポーツ用品店だからです。このように、営業の同種性が認められない場合でも、外観の存在は認められるのでしょうか。
　この点について判例は、「現に一定の商号をもって営業を営んでいるか、または、従来一定の商号をもって営業を営んでいた者が、その商号を使用して営業を営むことを他人に許諾した場合に右の責任を負うのは、特段の事情のないかぎり、商号使用の許諾を受けた者の営業がその許諾をした者の営業と同種の営業であることを要するものと解するのが相当である。」として、原則として同種性を要求するものの、例外的に営業主体の誤認を招くような特段の事情があれば同種性は不要であるとしています（最判昭43.6.13【商法百選13】）。
　本問では、上記のように、営業の同種性は認められませんので、「特段の事情」

11

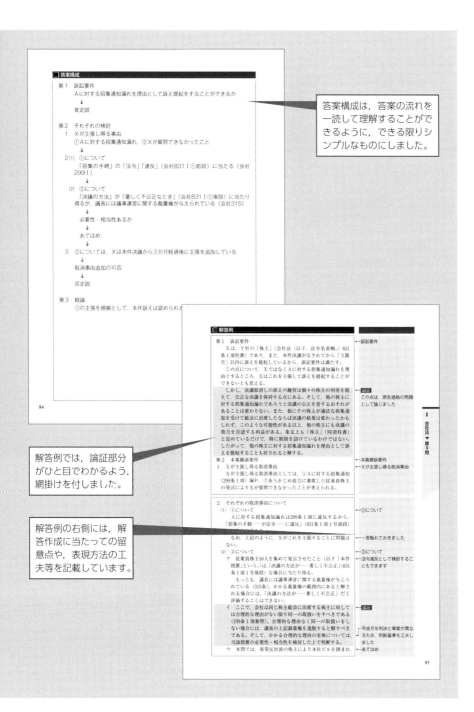

答案構成は，答案の流れを一読して理解することができるように，できる限りシンプルなものにしました。

解答例では，論証部分がひと目でわかるよう，網掛けを付しました。

解答例の右側には，解答作成に当たっての留意点や，表現方法の工夫等を記載しています。

□答案構成

第1　訴訟要件
　　Aに対する招集通知漏れを理由として訴え提起をすることができるか
　　　↓
　　肯定説

第2　それぞれの検討
　1　Xが主張し得る事由
　　　①Aに対する招集通知漏れ，②Xが質問できなかったこと
　　　↓
　2(1)　①について
　　　「招集の手続」の「法令」「違反」（会社831Ⅰ①前段）に当たる（会社299Ⅰ）
　　　↓
　　(2)　②について
　　　「決議の方法」が「著しく不公正なとき」（会社831Ⅰ①後段）に当たり得るが，議長には議事運営に関する裁量権が与えられている（会社315）
　　　↓
　　　必要性・相当性あるか
　　　↓
　　　あてはめ
　3　②については，Xは本件決議から3か月経過後に主張を追加している
　　　↓
　　　取消事由追加の可否
　　　↓
　　　否定説

第3　結論
　　①の主張を根拠として，本件訴えは認められる

84

□解答例

第1　訴訟要件
　　Xは，Y社の「株主」（会社法（以下，法令名省略。）831条1項柱書）であり，また，本件決議がなされてから「3箇月」以内に訴えを提起しているから，訴訟要件は満つ。
　　この点について，XではなくAに対する招集通知漏れを理由とするところ，Xはこれを主張して訴えを提起することができないとも思える。
　　しかし，決議取消しの訴えの趣旨は個々の株主の利益を超えて，公正な決議を保持する点にある。そして，他の株主に対する招集通知漏れであろうと決議の公正を害するおそれがあることは変わりない。また，仮にその株主が適法な招集通知を受けて総会に出席したならば決議の結果は変わったかもしれず，このような可能性がある以上，他の株主にも決議の効力を否認する利益がある。条文上も「株主」（同項柱書）と定めているだけで，特に制限を設けているわけではない。したがって，他の株主に対する招集通知漏れを理由として訴えを提起することも許されると解する。

第2　本案勝訴要件
　1　Xが主張し得る取消事由
　　　Xが主張し得る取消事由としては，①Aに対する招集通知（299条1項）漏れ，②あらかじめ前方に着席した従業員株主の発言によりXが質問できなかったことが考えられる。

　2　それぞれの取消事由について
　　(1)　①について
　　　Aに対する招集通知漏れは299条1項に違反するから，「招集の手続……が法令……に違反」（831条1項1号前段）。
　　　なお，上記のように，Xがこれを主張することに問題はない。
　　(2)　②について
　　ア　従業員株主50人を集めて発言させたこと（以下「本件措置」という。）は，「決議の方法が……著しく不公正」（831条1項1号後段）な場合に当たり得る。
　　　もっとも，議長には議事運営に関する裁量権が与えられている（315条）。かかる裁量権の範囲内にあると評価される場合には，「決議の方法が……著しく不公正」だと評価することはできない。
　　イ　ここで，会社は同じ株主総会に出席する株主に対しては（合理的な理由がない限り同一の）取扱いをすべきである（109条1項参照）。合理的な理由なく同一の取扱いをしない場合には，議長の上記裁量権を逸脱すると解すべきである。そして，かかる合理的な理由の有無については，当該措置の必要性・相当性を検討した上で判断する。
　　ウ　本問では，原発反対派の株主により本社ビルを囲まれ，

→訴訟要件

→原告適格
この点は，原告適格の問題として論じました

→本案勝訴要件
→Xが主張し得る取消事由

→①について
→一言触れておきました

→②について
→法令違反として検討することもできます

→論証
平成8年判決と事案が異なるため，判断基準を工夫しました
→あてはめ

Ⅱ　会社法　▼　第9問

85

vii

目　次

I　商法総則・商行為法

II　会社法

Ⅲ　手形小切手法

Ⅳ　総合問題

本書収録問題一覧

第1問

　個人で小売業を営む商人Xは，その従業員Aに商品の売却・購入に関する代理権を与えていた。

　Aは，以前からA個人と取引関係があったYに，Xのために売却するということを示さずにXの商品を売却した。XがYに対して売買代金を請求したところ，Yは，Aに対する債権との相殺を主張してこれを拒んだ。

　Yの主張は認められるか。

第2問

　甲は，長年にわたり，「甲」という商号でラーメン屋を営んできたが，競争の激化によって，売上げが激減し，営業活動を縮小せざるを得なくなった。

　その後，ラーメン甲の元従業員であったAが，以前ラーメン甲が入っていた部屋を賃借し，甲の了解を得ないまま「甲」という商号でスポーツ用品店を始めた。Aは，「甲」と書かれたラーメン店の看板と店の外観を気に入っていたため，看板の右上に小さく「スポーツ」と目立たないように書くにとどめ，自らの営業にも使用した。甲は，このことに気が付いたが，最後まで自分を支えてくれたAを応援する気持ちで放置していた。

　Aのスポーツ用品店の売上げは，当初は好調であったが，その後，伸び悩んでしまい，事実上の倒産状態に陥った。

　甲の営業だと誤信してAと取引したスポーツ用品の納入業者の乙は，甲に対して売掛金の弁済を求めることができるか。

第3問

　「株式会社A」は，Bから多額の融資を受けていたところ，返済を免れるためにその主要部門を現物出資して「株式会社新A」を設立した。

　「株式会社A」と「株式会社新A」は，役員，本店所在地，従業員等を共通にし，従来のまま営業が続いている。

　Bは「株式会社新A」に対して貸金の返還を求めるために，会社法上，いかなる手段を採ることができるか。

第4問

　Aが株式会社の発起人として会社の設立中にした行為に関して，次の問に答えよ。

(1)　Aは，Bとの間で，原材料を会社の成立後に譲り受ける契約を締結した。会社の成立後，会社の代表取締役に就任したAに当該原材料を引き渡したBは，会社に対しその代金の支払を請求することができるか。逆に，会社は，Bに対し当該原材料の引渡しを請求することができるか。

(2)　Aは，Cに対し会社の宣伝広告をすることを依頼し，これを承諾したCは，近く会社が成立し営業活動を開始する旨の広告を行った。Cは，会社の成立後，会社に対しその報酬を請求することができるか。この請求ができないとした場合には，Cは，だれに対しどのような請求をすることができるか。

（旧司法試験　平成7年度　第1問）

第5問

　ある取締役会設置会社が，平成23年度の株主総会において，次のような内容の定款変更を行おうと考えている。それぞれについて会社法上どのような問題があるか説明した上，そのような定款変更が許されるかどうかについて論ぜよ。

1　株式の譲渡について株主総会の承認を必要とする。

2　1万株以上の株式の所有者は，自社の製品を定価の4割引きで購入することができる。

（旧司法試験　平成12年度　第1問小問1小問2　改題）

第6問

⑴ 甲社は，甲社の大株主であるAから，Aの保有する甲社株式の一部を買い受けるよう，要請を受けていた。そこで，甲社は，A保有の株式1000株を市場価格で買い受ける旨の取締役会決議をし，代金をAに交付した（以下「本件自己株式取得１」という。）。なお，甲社は，この件について株主総会決議を経ていなかったが，Aはそのことを認識していなかった。

　　甲社は，本件自己株式取得１の無効を主張して，代金の返還を求めることができるか。また，Aが本件自己株式取得１の無効を主張して，株式の返還を求めることはできるか。

⑵ 甲社は，甲社株式の価格を維持するために，発行済みの甲社株式を株主との合意により取得することとした。そこで，甲社は，会社法所定の手続に則り，株主であるBから自己株式を取得したが，株主Bに交付した金銭の帳簿価額の総額が分配可能額を超えていた（以下「本件自己株式取得２」という。）。

　　甲社とBとの間の法律関係について論じなさい。

第7問

　A株式会社（A社）は，株券発行会社であり，その定款には，譲渡によるA社株式の取得についてA社の取締役会の承認を要する旨の定めはない。Yは，A社株主のXからX所有の株式全てを譲り受け，株券の交付も受けた。そこで，YはA社に株券を提示して名義書換えを求めたところ，A社は当該株券について盗難届が出されていたことを理由にこれを拒絶した。

　この場合，A社との関係において，ＸＹのうちいずれが株主として扱われるべきか。

　その後，YがZに対して基準日前に全株式を譲渡し，株券を交付したが，Zはいまだ名義書換えをしていなかった場合において，A社はZに株主総会での議決権行使を認めることができるか。

第8問

以下の(1)(2)に答えなさい。なお，各問は独立しているものとする。

⑴　甲社は，Aが創業した株式会社（取締役会設置会社ではないものとする。）
であり，その株式は，代表取締役でもあるAが80％，同じく代表取締役であ
るBが10％，Aの弟であるXが10％を保有している。なお，甲社には，株主
総会における定足数に関する特別の規定はない。

　　Aは，平成26年11月10日，死亡し，Aの妻であるC及びXが相続したが，
遺産分割協議はなされていない。

　　Cは，Xと協議をすることなく，生前Aが保有していた株式（以下「本件
株式」という。）の権利行使者であると，甲社に通知した。

　　Bは，平成26年12月1日，B，C及びXに対して招集通知を発した上で，
甲社の株主総会を開催したところ，B及びCが出席し，全員一致で，Cを取
締役に選任した上で，代表取締役とする株主総会決議をした（以下「本件株
主総会」，「本件株主総会決議」という。）。なお，この株主総会において，本
件株式については，議長を務めたBがCに対して議決権を行使することを認
めていた。

　　これに不服のあるXは，平成27年1月15日，甲社を被告として，本件株主
総会決議の取消しを求める訴えを提起した。

　　Xの訴えが認められるかについて，甲社の反論を想定しつつ，論じなさい。
なお，訴訟要件については論じる必要がない。

⑵　Dは，公開会社であって，株券不発行会社である乙株式会社（以下「乙社」
という。）が新株発行をする予定であることを知り，これを引き受けようと
考えたが税金対策からEの名義で引き受けることとし，平成25年10月1日，
Eの承諾を得て，自己の出捐で，乙社の株を1000株引き受けた（以下「本件
株式」という。）。なお，乙社の発行済株式総数は，新株発行分を含めて10万
株である。

　　乙社の代表者は，上記事情をDから聞いていたが，担当者に伝えるのを失
念したため，平成26年6月，DではなくEに株主総会の招集通知を発し，同
年6月15日，定時株主総会を開催した。Eは，この通知を受けたが，Dに知
らせるのを煩わしく感じたため，伝えなかった。すると，定時株主総会では，
8万株に相当する株主が出席しており，乙社の取締役選任に関する議題は，
合計7万株の賛成によって，決議された（以下「本件株主総会決議」という。）。

　　同年7月23日，乙社の株主であるFは，本件株主総会決議取消しの訴えを
提起した。Fの訴えが認められるかについて，論じなさい。

第9問

　Y株式会社（以下「Y社」という。）は，電力会社であるところ，過去に原発反対派の株主に本社ビルを囲まれたり，ビルの一部を占拠されたりしたことがあった。

　Y社は，平成26年6月28日に開催予定の定時株主総会（以下「本件総会」という。）の招集通知を法定の手続により発したが，株主Aに対して招集通知を発していなかった。

　一方，株主Xは，招集通知を受け，本件総会に出席した。ところが，本件総会においては，従業員株主50人があらかじめ前方に着席し，議事が始まると一斉に「異議なし」，「賛成」などの声を上げたため，Xは精神的に会社提出の議案（以下「本件議案」という。）に対する質問をしにくくなり，質問をすることができなかった。本件議案は，出席株主の大多数の賛成により原案どおりに可決された（以下「本件決議」という。）。

　Xは，平成26年7月15日，Aに対する招集通知漏れを根拠に本件決議の取消しを求める訴えを提起した（以下「本件訴え」という。）。

　Xは，本件訴え係属中，知り合いの弁護士に相談したところ，従業員株主があらかじめ前方に着席し，議事が始まると「異議なし」，「賛成」などの声を上げたため，本件議案に対してXの質問がしにくくなった点についても取消事由になり得るという意見を得たため，同年10月15日にこの主張を追加した。

　本件訴えは認められるか論じなさい。

第10問

　甲株式会社（以下「甲社」という。）では，取締役であるAが退職すること
になったため，退職慰労金を支給することにした。そこで，甲社は，議題を「退
任取締役に対する退職慰労金贈呈の件」（以下「本件議題」という。）とする株
主総会（以下「本件株主総会」という。）を開催した。

　甲社では，役員の退職慰労金に関する規程があり，具体的な算出基準が明示
されている。甲社は，これまでもこの規程に従って退職慰労金を支払ってきた
ため，Aの退職慰労金についても，この規程に従って，金額を算出する予定で
あった。なお，甲社は，規程を本店に備え置き，株主からの閲覧請求があった
場合には，これに応じている。

　甲社の株主であるB株式会社（以下「B社」という。）は，甲社から本件株
主総会の招集通知を受け取ったが，B社の代表者が出席することができなかっ
たため，従業員であるCに出席させることにした。甲社の定款では，議決権行
使の代理人資格を株主に限定する旨の規定があるが，Cは，甲社の株主ではな
い。しかし，甲社は，CをB社の代理人と認め，本件株主総会に出席させた。
なお，CはB社の就業規則において，上司の命令に服する義務を負っていた。

　甲社の株主であるDは，Aが取締役に就任して以降，甲社の業績が悪化して
いたこともあり，本件株主総会に出席し，議長である甲社の代表取締役Eに対
して，退職慰労金の額を明らかにするよう求めた。これに対して，Eは，「算
出基準は基礎額と乗数と存位年数を乗じて計算しており，それぞれについては
役員会で決定させていただきたい。具体的な金額については，受給者のプライ
バシーの問題にも関わってまいりますので，金額の公表を差し控えさせていた
だきたい。」と回答した。Dはこれに納得することができなかったが，Eが「時
間なのでここで質問を打ち切らせていただきます。」と述べて，議案の承認を
諮ったため，これ以上，説明を求めることができなかった。

　結局，本件議題は，Cを含む多数の株主の賛成を得て，決議された（以下「本
件決議」という。）。

　本件決議に納得のいかないDは，本件決議の取消しを求める訴えを適法に提
起した。

　Dの訴えが認められるかについて，論じなさい。なお，退職慰労金の支給決
定を取締役会に一任することができることは，前提としてよい。

第11問

　次の各事例において，会社法上，A株式会社（取締役会及び監査役を設置している会社であり，大会社でないものとする）の取締役会の決議が必要か。

1　A会社の代表取締役Bが，C株式会社のD銀行に対する10億円の借入金債務について，A会社を代表して，D銀行との間で保証契約を締結するとき。

2　A会社の取締役EがF株式会社の発行済株式総数の70パーセントを保有している場合において，A会社が，F会社のG銀行に対する1000万円の借入金債務について，G銀行との間で保証契約を締結するとき。

3　ホテルを経営するA会社の取締役Hが，ホテルの経営と不動産事業とを行うI株式会社の代表取締役に就任して，その不動産事業部門の取引のみを担当する場合。

（旧司法試験　平成15年度　第1問　改題）

第12問

　甲株式会社（以下「甲社」という。）は，取締役会設置会社であり，監査役設置会社である。甲社取締役Yは，使用人も兼ねている。

　甲社は，従来，取締役の報酬を取締役会決議によって決定してきた。

　平成25年度，甲社は，Yに対し，使用人の給与として内規に基づいて年額300万円，取締役の報酬として取締役会決議で決定した額である年額1000万円を支払った。

　もっとも，甲社は，平成26年3月15日に開催された甲社定時株主総会において，甲社の設立時に遡って効力が生じる条件付決議として，取締役の報酬を年額1000万円（使用人兼務取締役の使用人分の給与を含めない。）とする決議，及び平成26年度の取締役の報酬の総額を1億円とし，具体的配分を取締役会に一任する旨の決議がなされた。

　なお，具体的配分を決定する取締役会決議はなされていない。

　以上の事実関係を前提として，以下の各小問について，解答しなさい。

⑴　甲社監査役のXは，Yに対して，上記1300万円が不当利得に当たるとして返還を求める訴えを提起した。かかる請求は認められるかについて，論じなさい。

⑵　Yは，甲社に対して，平成26年度の報酬を請求することができるかについて，論じなさい。

第13問

　甲株式会社（以下「甲社」という。）は取締役会を設置しない会社であり，その代表取締役はAである。甲社の取締役には，Aの他には，B及びCが登記されている。もっとも，Bは，数年前に取締役を退任しており，退任登記をしない旨のAの頼みに応じたため，そのままにしているだけである。また，CはAの母親であり，税金対策で選任されているにすぎず，実際の経営には携わっていない。

　甲社は，以前から食品販売業を展開していたが，新たに食品の宅配サービスを提供することとした。同サービスは，提供する食材の質が高く，通常では考えられないような低価格での提供が自ら買物に行けない高齢者を中心に好評を博し，順調な売行きであった。

　しかし，その後，甲社の食品宅配サービスの中で食材を使い回していることが発覚し，甲社の売上げは急激に下落したことで，甲社は倒産寸前の状況に陥った。なお，食材の使い回しは，Bが退任した後になって，Aが独断で指示をしたものである。

　これにより，甲社に対して食材の提供をしていた乙社は，食材の売掛代金について回収することが困難となった。

　乙社は，A，B及びCに対して，それぞれ会社法第429条第1項に基づく損害賠償請求をした。これらの請求が認められるかについて，論じなさい。

第14問

　甲社は会社法上の公開会社である。

　甲社の代表取締役であるAは，反対派株主の持株比率を低下させることを目的として，Bに対して大量の甲社新株を発行しようと考えた。

　そこで，Aは，取締役会決議を経たが，取締役会決議の開催に当たり，反対派の取締役には招集通知を発しなかった。

　その後，新株がBに発行されたため（以下「本件株式発行」という。），既存株主Cは，Bへの募集株式発行無効の訴えを適法に提起した。

　Cの訴えが認められるかについて，論じなさい。

　なお，本件株式発行後も，Bの持株比率は50％を下回っているものとする。

第15問

　甲株式会社（以下「甲社」という。）は，ボールペンやノートブック等の製造・販売を業とする取締役会設置会社である。甲社は，学習机の製造事業を開始しようと計画しているが，甲社が従来取り扱ってきた商品とは性質が異なるため，そのノウハウを有していない。

　一方，乙株式会社（以下「乙社」という。）は，取締役会設置会社であるが，学習机の製造事業から事業を開始し，近年では，パソコンの製造事業も行っていた。もっとも，学習机の製造事業は採算性が悪く，収益事業であるパソコンの製造に専念するため，学習机の製造事業を止めようと考えていた。

　そこで，甲社及び乙社は，それぞれ，取締役会の決議を経て，乙社の有する学習机の製造事業を一括して，甲社が20億円で買い取る旨の契約を締結した（以下「本件取引」という。）。

　甲社は，本件取引により，乙社内の学習机の製造に関するノウハウも得る必要があると考えており，一方，乙社は，本件取引後は，学習机の製造事業から撤退する予定であったため，その契約内容として，乙社の学習机製造事業に属する工場及び工場内に設置された備品一式のほか，乙社の学習机製造工場で勤務する従業員も甲社に引き継がせることとし，主要な取引先も甲社に紹介した。甲社は，これらの工場，備品及び従業員により，学習机の製造を行い，乙社から紹介を受けた取引先と取引を継続する予定である。なお，本件取引の対象となる資産は，乙社の資産総額の約6割を占めている。

　甲社及び乙社は，それぞれ，株主総会決議の承認を経ることなく，本件取引を行った。

　以上の事案を前提に，甲社は，乙社に対して，本件取引の無効を主張することができるかについて，論じなさい。

第16問

　甲株式会社（以下「甲社」という。）は公開会社であるが，乙株式会社（以下「乙社」という。）との間で，甲社を存続会社とし，乙社を吸収合併する旨の契約を締結した。

　そこで，甲社の取締役会は合併承認のため臨時株主総会招集を決議し，代表取締役がその総会を招集したところ，甲社の株主総会は賛成多数で合併を承認したが，全ての株主に対する招集通知が会日の12日前に発せられていた。

　この場合，甲社の株主であり，合併に反対したＡは，合併の効力を争うためにどのような手段を採ることができるか。合併の効力発生日の前後で場合分けして論述しなさい。

第17問

　買主Ａは売買代金支払のために売主Ｂを受取人として約束手形を振り出し，ＣがＢからこの手形の裏書譲渡を受けた。次の各場合に，Ａは，Ｃの手形金請求を拒むためには，Ｃが手形取得時にどのような事由について悪意であったことを立証しなければならないか。

（一）　Ｂが売買の目的物を交付しないことを理由として，Ａが，Ｃの手形取得後に売買契約を解除した。

（二）　Ａが，Ｃの手形取得後にＢに対する債権を自働債権として本件手形債権と相殺した。

（旧司法試験　平成元年度　第2問）

第18問

　甲が乙に対して手形要件が全て記載された額面100万円の約束手形を振り出したところ（以下「本件手形」という。），丙が裏書人欄に「乙代理人丙」と記載して丁に裏書譲渡した。

　次の(1)(2)における手形法上の問題点について論ぜよ。なお，本件手形において，裏書の連続は，認められるものとする。また，以下の小問は独立した問いである。

(1)　丁は満期に甲に手形金を請求したところ，甲は，丙が乙から適法な代理権を与えられていなかったとして，これを拒んでいる。

(2)　丙は乙から本件手形を盗取し，乙の代理人を名乗って丁に裏書譲渡した。その事実に悪意の丁が満期に甲に対して手形金の支払を請求したところ，甲は本件手形について盗難届が出されていることを知りつつ，丁に対して100万円を支払った。

第19問

　Ｙ株式会社（以下「Ｙ社」という。）の代表取締役Ａは，振出人欄に「Ｙ社Ａ」と署名して，Ｂに対し2000万円の約束手形を振り出した（以下「本件手形」という。）。その後，ＢはＸに本件手形を裏書譲渡した。

　Ｙ社には，1000万円以上の手形を振り出す場合には取締役会の承認が必要である旨の定款の規定が存在するが，Ａは本件手形の振出しに際し，取締役会の承認を得ていない。また，Ｂは定款規定の存在及び取締役会決議を経ていないことを知っていたが，Ｘは定款の存在すら知らなかった。

　ＸはＹ社に対し，手形金の支払を請求することができるか。もし，Ａが振出人欄に「Ｙ社」と署名していた場合はどうか。

　なお，本件手形の振出しは「多額の借財」（会社法第362条第4項第2号）に当たらないものとする。

第20問

　甲株式会社（以下「甲社」という。）は，取締役会設置会社であり，代表取締役はAである。また，甲社の取締役であるBは，乙社の代表取締役を兼任している。

　甲社の代表取締役Aは，Bからの依頼に基づき，乙社が所有するトラックを買い受けることにした（以下「本件売買契約」という。）。Aは，このトラックの購入代金の支払のために，甲社を振出人，乙社を受取人とした約束手形1通（以下「本件手形」という。）を振り出した。Aは，本件売買契約については，甲社の取締役会決議を経ていたものの，本件手形の振出しについては，取締役会の承認を受けていなかった。

　満期に乙社が甲社に対して，本件手形を呈示して，手形金の支払を求めた場合，甲社はこれを拒むことができるか。乙社が本件手形を丙社に裏書譲渡した後，丙社が，満期に甲社に対して，手形金の支払を求めた場合はどうか。

　なお，本件手形の振出しが「多額の借財」（会社法第362条第4項第2号）に当たらないことを前提としなさい。

Ⅰ　商法総則・商行為法

　　個人で小売業を営む商人Xは，その①従業員Aに商品の売却・購入に関する代理権を与えていた。

　　Aは，②以前からA個人と取引関係があったYに，③Xのために売却するということを示さずにXの商品を売却した。XがYに対して売買代金を請求したところ，④Yは，Aに対する債権との相殺を主張してこれを拒んだ。

　　⑤Yの主張は認められるか。

☐ 出題論点

☐ 問題処理のポイント

1　商法の問題の処理パターン

　　商法の問題は，商法総則・商行為，会社法，手形小切手法（以下，この3分野を総称して「商法」といいます。）の3つの分野に分かれていますが，問題の解き方が大きく異なるものではありません。具体的には，商法は，民法の特別法ですので，民法と同様の請求権パターンに乗ればよいのです。誰が誰に対して何を請求したくなるのか，その法的根拠は何か，要件は満たされているか，相手方は何を主張したくなるのか……と考えていきます。

　　もっとも，商法の出題の中心となる会社法（現在の司法試験や予備試験の論文式試験では，商法は，9割以上会社法からの出題です。）では，条文によって民法の原則に対して大幅な修正が加えられています。

　　そのため，会社法の問題を解くためには，他の法律以上に，条文知識が重要となります。会社法の問題を処理するためには，民法の請求権パターンを習得した上で，条文知識を身につけなければなりません。

2　会社法の問題処理のコツ

　　ただ，会社法の条文数は，司法試験で要求される科目の中で，随一のボリュームをほこります。そのため，やみくもに条文知識を身につけても問題を解けるようになりません。

　　問題処理のコツとしては，以下の2点が挙げられます。

　　①出題頻度の高い条文をマスターする
　　②紛争類型を意識する

(1)　①について

　　上記のように，会社法は条文数が多く，そのため，どこから手をつけてよいのかわからないという受験生が多いのですが，実は司法試験や予備試験の論文式試験において出題される分野は意外に限定されています。例えば，計算の分野はほとんど出題されていません。各予備校では，新旧司法試験，予備試験の出題実績を踏まえ，テキストや講義の内容を工夫していると思いますので，基本的には，テキストや講義の内容を習得していけば，自然と出題頻度の高い条文をマスターすることができます。ただ，それだけではどうしても漏れが生じてしまいますので，予備校が出版している市販の問題集や予備校のアウトプット講座（筆者が担当しているものでは，重要問題習得講座があります。）でこれを補ってください。本書でも，出題頻度の高い分野の問題を取り上げてはいますが，本書は，論文答案の「書き方」「解き方」のイメージをつかむことに主眼を置いていますので，演習の絶対量として不足します。

　　それから，条文をマスターするコツは，とにかくこまめに六法を引くことです。予備校の講義や問題演習の過程で登場した条文は，必ず六法を引き，どのような規定となっているのか，自分の目で確かめてください。

(2)　②について

　　①とも関連しますが，会社法では，どのような紛争類型があるのかを意識しながら学習することが重要です。

　　例えば，株主総会決議の効力を争いたいという場合，どのような訴訟類型が用意されているのか，関連する条文としてどのようなものがあるのか，訴訟要件，本案勝訴要件は何か，それぞれにおいて典型的な論点としてはどのようなものがあるのかといったように，紛争類型ごとに知識を整理していきます。

　　上記のとおり，会社法は条文数のわりに，出題される分野が限定される傾向にあります。そのため，紛争類型ごとに知識を整理しておくことによって，条文を発見しやすくなり，論点落ちを防ぐことができるようになります。

3　本問のポイント

　　本問は，商法総則・商行為の分野から，商法504条の適用関係についての理解を問う問題です。

　　上記のように，商法の問題処理の原則は，請求権パターンにありますので，これに沿って考えれば，自然と論点を導き出すことができるでしょう。

1　Yの主張の法的根拠

　④⑤Yは，Xの請求に対して，Aに対する債権との相殺（民法505条）を主張して拒んでいます。そこで，その要件（特に，債権債務の対立）を検討することになりますが，一見すると，Xの請求に対して，第三者であるAに対する債権をもって相殺するとはどういうことだろう？　と思われるかもしれません。

　本問では，①Xは，Aに対して商品売却の代理権を与えているところ，上記の点については，商法504条の適用と関連するので，以下で検討しましょう。

2　商法504条本文

　商法504条本文は，「商行為の代理人が本人のためにすることを示さないでこれをした場合であっても，その行為は，本人に対してその効力を生ずる。」と定めています。これは民法上の顕名主義の例外を定めたものであると解されています。

　本問では，Aは，③Xのために売却するということを示さずにXの商品を売却していますので，「本人のためにすることを示さないでこれをした場合」に当たります。

　なお，判例は，商法504条本文の適用に当たり，相手方の代理意思の知・不知を問わないと解しています（最大判昭43.4.24【商法百選30】，以下「昭和43年判決」といいます。）。

　したがって，本問では，<u>商法504条本文の規定の適用によって，ＸＹ間に，代理に基づく法律関係が生じている</u>ことになります。

3　商法504条ただし書

　商法504条ただし書は，「ただし，相手方が，代理人が本人のためにすることを知らなかったときは，代理人に対して履行の請求をすることを妨げない。」と定めています。

　まず，この規定の適用について，「知らなかったとき」とは，過失の有無を問う趣旨なのか否かが問題となるところ，昭和43年判決は，「過失ある相手方は，右但書の相手方に包含しないものと解するのが相当である」として，無過失を要求しています。

　本問でも，<u>商法504条ただし書が適用されるのは，Yが無過失の場合に限られる</u>ことになります。

　では，Yが無過失の場合（問題文の事実からだけでは分かりませんが，②Yは，以前からA個人と取引関係があったという事情がありますので，無過失を認定できる可能性はあるでしょう。），Yは，商法504条ただし書によってAに対しても「履行の請求」をすることができるのでしょうか。ここで，**同条本文とただし書の適用関係**が問題となります。

4　商法504条本文とただし書の関係

この点について，昭和43年判決は，次のように説示しています。商法504条ただし書が「代理人に対して履行の請求をすることを妨げないとしている趣旨は，本人と相手方との間には，すでに同条本文の規定によって，代理に基づく法律関係が生じているのであるが，相手方において，代理人が本人のためにすることを知らなかったとき（過失により知らなかったときを除く）は，相手方保護のため，相手方と代理人との間にも右と同一の法律関係が生ずるものとし，相手方は，その選択に従い，本人との法律関係を否定し，代理人との法律関係を主張することを許容したものと解するのが相当であり，相手方が代理人との法律関係を主張したときは，本人は，もはや相手方に対し，右本人相手方間の法律関係の存在を主張することはできないものと解すべきである。」

この判例の立場は，選択的併存説と呼ばれています。

本問では，同説によれば，④Ｙは，Ａに対する債権との相殺をもって，代理人Ａとの法律関係を主張しているものと考えられます。したがって，本人であるＸは，相手方Ｙに対して，ＸＹ間の法律関係の存在を主張することはできません。

以上から，民法上の相殺の要件を満たせば，Ｙの上記反論は正当であるということになります。

□ 答案構成

1　Ｙの相殺の主張が認められるためには，ＡＹ間で有効な債権債務の対立が必要

2　商法504条本文・ただし書の適用あり

　　商法504条本文とただし書の関係

　　選択的併存説

3　Ｙが善意無過失である場合，ＹはＡとの契約関係を主張することができ，Ｙの相殺の主張が認められる

1　Yの相殺の主張が認められるためには，ＡＹ間で有効な債権債務の対立がなければならない（民法505条1項本文）。

　　本問では，YのAに対する債権は認められるが，AのYに対する債権はどうか。これは，売買契約がＡＹ間に帰属するかにかかるから，以下この点について検討する。

2(1)　本件では，Xは商人であり，XはAに商品の売却，購入に関する代理権を授与しているから，Aは商行為の代理人といえる（商法（以下，法令名省略）4条1項，503条1項，504条）。そのため，その効果の帰属先は504条の適用によって決せられる。

　(2)　まず，Xのためにするという顕名がなかった点からすれば，本文の適用がある。504条は，簡易迅速を期する便宜のために，民法上の顕名主義（民法99条1項）の例外を定めたものであると解されるから，相手方の代理意思の知不知を問わず，504条本文の規定が適用される。

　　　一方，Yにおいて，Xのためにすることを知らず，かつ，知らないことに過失がなかった場合，同条ただし書の適用もある。本問では，Yは，以前からA個人と取引関係があったのだから，Xのためにすることを知らなかったことについて過失がないという可能性は十分に認められる。

　　　なお，過失のある相手方を保護する必要はないため，無過失も同条ただし書の要件に加えるべきである。

　(3)　では，この場合，504条本文とただし書の関係をいかに解すべきか，問題となる。

　　　504条ただし書は，同条本文が，顕名主義の例外を認めることによって，相手方に不測の損害が生じることを防ぐための相手方保護の規定である。

　　　そこで，契約は，相手方・代理人間及び相手方・本人間に成立しているが，相手方の選択によりどちらかを主張でき，一方を選択するときには，他方は主張できなくなると解すべきである。

　　　なお，504条ただし書に該当する場合も，相手方代理人間に法律関係が成立するわけではなく，あくまでも相手方本人間にのみ法律関係が発生し，代理人が本人のために行為していることにつき善意・無過失の相手方は代理人に履行請求できるにとどまるとする見解があるが，法律関係の早期安定の要請に反するから，支持できない。

3　したがって，本件ではYがAの代理意思について善意無過失である場合に限り，YはAとの契約関係を主張することができ，相殺に関するその他の要件を満たせば，Yの相殺の主張が認められる。

　　　　　　　　　　　　　　　　　　　　　　　　以　上

←相殺が認められるための要件。なお，厳密にいうと，選択的併存説の立場からは，代理人との法律関係を主張すれば，Xの請求は棄却されることになりますが，問題文が「Yの主張は認められるか」となっているので，相殺の要件を検討しました

←504条本文

←504条ただし書

←504条ただし書の適用に当たり，無過失が要求される旨の指摘

←504条本文とただし書の関係

←論証

←本問では，論じるべき論点が1つしかないので，反対説まで紹介しましたが，他に論じるべき事項がある場合には割愛してもかまいません

←結論

個人で小売業を営む商人Xは，その従業員Aに商品の売却・購入に関する代理権を与えていた。

Aは，以前からA個人と取引関係があったYに，Xのために売却するということを示さずにXの商品を売却した。XがYに対して売買代金を請求したところ，Yは，Aに対する債権との相殺を主張してこれを拒んだ。

Yの主張は認められるか。

● 合格者の答案構成

1. 「商行為」，「代理人」

   504条本文により Xに効果帰属

   Yは拒めないとも

2. Yは「知らなかった」（504但）にあたる

   〈そこで〉相殺を主張して拒めないか。但書の意義

   相手方の選択

   〈∴〉拒める.

1. 本件で個人で小売業を営む商人Xが、Xの商品を売却する行為は、商行為にあたるといえる（商法501条、503条参照）。
X、Xから商品の売却・購入に関する代理権を与えられたAは、前記商行為についての「代理人」（同504条）といえる。
そこでA等がXのために売却することを示さずにXの商品をYに売却したとしても、商法504条本文により、Xに対して、効力を生ずることから、Xの売買代金の支払請求をYは拒めないとも思える。

2. もっとも、Yは、A個人と取引関係があったにすぎず、又、前記のように、AはXのためにすることを示さなかったことから、Yは、AがXの「ためにすることを知らなかった」（商法504条但書）といえる。
そこで同504条但書により、Aに対する債権との相殺を主張してXの請求を拒めないか、同条但書の意義が問題となる。
この点、同条但書の文言通り、代理人に対する履行の請求ができるにすぎないと考えれば、本件のような本人Xからの請求に拒めないことになる。しかし、これでは、相手方は代理人に対する抗弁を一切主張できないことになりその債権における点で支持えない。
そこで、同条但書は、相手方保護を図る趣旨から、本人と相手方との間には504条本文の規定によって代理関係が生じているが、本人のためにすることを相手方が知らなかったときは、

504条但書により、相手方と代理人の間でも同一の法律関係が生じ、相手方の選択に従い、本人との法律関係を否定することを許容したものと解すべきである。
したがって、本件でも、Yは、Xとの関係を否定し、Aに対する債権との相殺を主張して、Xの請求を拒むことが認められる。
　　　　　　　　　　　　　　　　　　　　　　以上

45
46
47
48
49
50
51
52
53
54
55
56
57
58
59
60
61
62
63
64
65
66

67
68
69
70
71
72
73
74
75
76
77
78
79
80
81
82
83
84
85
86
87
88

甲は，長年にわたり，①「甲」という商号でラーメン屋を営んできたが，競争の激化によって，売上げが激減し，営業活動を縮小せざるを得なくなった。

その後，②ラーメン甲の元従業員であったAが，以前ラーメン甲が入っていた部屋を賃借し，甲の了解を得ないまま③「甲」という商号でスポーツ用品店を始めた。Aは，「甲」と書かれたラーメン店の看板と店の外観を気に入っていたため，④看板の右上に小さく「スポーツ」と目立たないように書くにとどめ，自らの営業にも使用した。⑤甲は，このことに気が付いたが，最後まで自分を支えてくれたAを応援する気持ちで放置していた。

Aのスポーツ用品店の売上げは，当初は好調であったが，その後，伸び悩んでしまい，事実上の倒産状態に陥った。

⑥甲の営業だと誤信してAと取引したスポーツ用品の納入業者の乙は，甲に対して売掛金の弁済を求めることができるか。

□ 出題論点

・名板貸人の責任の要件〜①「営業又は事業」に関して「商号」を使用すること
.... **A**
・名板貸人の責任の要件〜②「許諾」.. **A**
・名板貸人の責任の要件〜③「誤認」.. **A**

□ 問題処理のポイント

1 本問は，商法総則・商行為の分野から，名板貸人の責任に関する理解を問う問題です。

名板貸人の責任は，平成に入ってから旧司法試験で3度も問われている重要分野です（平成6年度，平成15年度，平成19年度）。そのため，今後も問われる可能性の高い制度であるといえるでしょう。

2 要件検討のポイントは，外観の存在にあります。民法では，相手方の信頼の要件を重点的に検討することが多いのですが，商法では，相手方の保護要件が善意・無重過失とされ，民法より緩和されています。その分，要件検討のウェイトが外観の存在に移るということができるでしょう。本問でも，外観の存在が中心的に検討すべき要件です。

1 法的根拠

本問では，⑥Ａと取引した乙が，甲に対して売掛金の弁済を求めることができるかが問われていますので，その法的根拠について考えていくことになります。

民法の原則からすれば，乙は，契約主体であるＡに対して弁済を請求することになります。もっとも，⑥乙は，Ａの営業を甲の営業と誤認しているため，名板貸人の責任（商法14条）追及をすることが考えられます。

2 要件検討

1 商法14条の要件

商法14条は，「自己の商号を使用して営業又は事業を行うことを他人に許諾した商人は，当該商人が当該営業を行うものと誤認して当該他人と取引をした者に対し，当該他人と連帯して，当該取引によって生じた債務を弁済する責任を負う。」と定めています。その要件は，(a)名板借人が名板貸人の「営業又は事業」に関して「商号」を使用すること（外観の存在），(b)名板貸人が商号を使用して営業を行うことを「許諾」すること（帰責性），(c)相手方の「誤認」（相手方の信頼）の3つに分解できます。

そこで，以下1つずつ要件を検討していきます。

なお，本問とは関係がありませんが，仮に，甲がラーメン屋を廃業していた場合には，商法14条を直接適用することができません。同条は，名板貸人の責任を負う主体を「商人」に限定しているからです（同様の規定である会社法9条も，責任を負う主体を「会社」に限定しています。）。その場合には，商法14条の類推適用の可否を検討することになります。

2 要件(a)（外観の存在）

本問で最も問題となるのが外観の存在です。確かに，Ａは，①甲が営んでいたラーメン屋と同様の「甲」という商号を用いていますが，③Ａが営んでいるのは，スポーツ用品店だからです。このように，営業の同種性が認められない場合でも，外観の存在は認められるのでしょうか。

この点について判例は，「現に一定の商号をもって営業を営んでいるか，または，従来一定の商号をもって営業を営んでいた者が，その商号を使用して営業を営むことを他人に許諾した場合に右の責任を負うのは，特段の事情のないかぎり，商号使用の許諾を受けた者の営業がその許諾をした者の営業と同種の営業であることを要するものと解するのが相当である。」として，原則として同種性を要求するものの，例外的に営業主体の誤認を招くような特段の事情があれば同種性は不要であるとしています（最判昭43.6.13【商法百選13】）。

本問では，上記のように，営業の同種性は認められませんので，「特段の事情」

があるか否かを検討する必要があります。この点については，同判決のあてはめが参考になりますので，以下に引用しておきます（Ｙが名板貸人，Ｚが名板借人，Ｘが相手方です）。

「本件において，……Ｙは，その営んでいた電気器具商をやめるに際し，<u>従前店舗に掲げていた『現金屋』という看板をそのままにする</u>とともに，Ｙ名義のゴム印，印鑑，小切手帳等を店舗においたままにしておき，Ｚが『現金屋』の商号で食料品店を経営することおよびその後経営していたことを了知していたこと，Ｚは，本件売買取引の当時，右ゴム印および印鑑を用いてＹ名義でＸ会社……にあてて約束手形を振り出していたこと，Ｙは，自己の営業当時，売上金を『現金屋』およびＹ名義で銀行に普通預金にし，その預金の出し入れについてＹ名義の印鑑を使用していたが，Ｚが食料品店を始めるに当たって，Ｚに対して自己の右預金口座を利用することを承諾し，Ｚもこれを利用して預金の出し入れをしていたこと，<u>ＺはＹの営業当時の使用人であり，かつＹの営業当時の店舗を使用した関係にあった</u>というのである。このような事実関係のもとにおいては，Ｚが，Ｙの廃業後に，Ｙの商号および氏名を使用してＹの従前の営業とは別種の営業を始めたとしても，Ｚと取引をしたＸ……がその取引をもってＹとの取引と誤認するおそれが十分あったものというべきであり，したがって，Ｙの営業とＺの営業とが業種を異にするにかかわらず，なおＹにおいてＺの右取引につき商法23条（注：現商法14条）所定の責任を負うべき特段の事情がある場合に当たるものと解するのが相当である。」（下線及び注は，筆者）

下線部が本問においても参考になる部分です。本問では，②ラーメン甲の元従業員であったＡが，以前ラーメン甲が入っていた部屋を賃借してスポーツ用品店を営んでおり，④看板に小さく「スポーツ」と書かれた以外はラーメン甲の営業の外観とほぼ同一であったといえます。また，⑤甲は，そのことを認識しています。

したがって，上記特段の事情が認められるというべきでしょう。

3 要件(b)（帰責性）

上記判決も示しているとおり，「許諾」とは明示ではなく，黙示でも足りると解されています。本問では，⑤甲が上記事情を認識しつつ，放置していることから，黙示の「許諾」を認めることができるでしょう。

4 要件(c)（相手方の信頼）

「誤認」とは，善意・無重過失を要すると解するのが判例です（最判昭41.1.27【商法百選12】）。本問では，乙の主観的事情に関する事情が挙げられていませんので，具体的なあてはめまでは不要でしょう。

3 **結論**

以上から，乙が善意・無重過失であれば，乙は，甲に対して，商法14条に基づき，「当該取引によって生じた債務を弁済する責任」を追及することができます。

1　甲とAは別人格であるから，甲に対して売掛金の弁済を求めることはできないのが原則

　　→乙は甲の営業であると誤信しているため，甲に名板貸人としての責任（商14）を追及

2　商法14条の要件

　①名板借人が名板貸人の「営業又は事業」に関して「商号」を使用すること（外観の存在）

　②名板貸人が商号を使用して行うことを「許諾」すること（帰責性）

　③相手方の「誤認」（相手方の信頼）

　(1)　①の要件

　　ア　「商号」の同一性→あり

　　イ　「営業又は事業」→異なる種類の「営業又は事業」だが？

　　　「営業又は事業」の同種性の要否

　　　原則として同種の営業であることを要するとしつつも，名板貸人の営業と誤認するおそれが認められる特段の事情がある場合には，名板貸人の責任を認める

　　　あてはめ

　　ウ　甲は，「商人」に当たる（商4Ⅰ）

　　(2)　②の要件

　　　黙示の許諾でも可

　　　あてはめ

　　(3)　③の要件

　　　「誤認」→善意・無重過失

3　乙が善意・無重過失であれば，商法14条により，甲に対して売掛金の請求可

1　乙は，Aと取引したのであり，甲とAは別人格であるから，
甲に対して売掛金の弁済を求めることはできないのが原則で
ある。もっとも，Aは，事実上の倒産状態に陥っており，無
資力である等の可能性があるから，乙としては，甲に対して，
弁済を求めたいところである。 ←──原則の指摘

　　ここで，乙は甲の営業であると誤信して取引しているため，
甲に名板貸人としての責任（商法（以下，法令名省略。）14条）
を追及し，売掛金の弁済を求めることが考えられる。 ←──商法14条の指摘

2　名板貸人の責任が発生するための要件は，①名板借人が名
板貸人の「営業又は事業」に関して「商号」を使用すること
（外観の存在），②名板貸人が商号を使用して行うことを「許
諾」すること（帰責性），③相手方の「誤認」（相手方の信頼）
である（14条）。 ←──要件

(1)　要件①に関して ←──要件①（外観の存在）

　ア　「商号」の同一性

　　　本件でAのスポーツ用品店と甲のラーメン店の商号は
同じ「甲」である。

　イ　「営業又は事業」

　　　「営業又は事業」のための商号の許諾であることが必
要であるところ，本件では，甲のラーメン店とAのスポ
ーツ用品店は異なる種類の「営業又は事業」である。

　　　では，名板貸人と名板借人の「営業又は事業」は同種 ←──「営業又は事業」の同種性

である必要があるか。

　　　名板貸人の責任は相手方が営業主体を誤認することか ←──論証
ら認められたものであるところ，「営業又は事業」が同
種でなければ，誤認のおそれは低く，同条を適用して相
手方の信頼を保護する必要はない。

　　　したがって，原則として「営業又は事業」は同種であ
る必要があるものと解する。しかし，例外的に営業主体
の誤認を招くような特段の事情があれば，同種である必
要はない。この場合には相手方の信頼が生じるからであ
る。

　　　本件では，ラーメン店とスポーツ用品店において，看 ←──あてはめ
板やその他の外観も，看板に小さく「スポーツ」と書か
れた以外は全て同一であり，また第三者が営業主体の違
いを見抜くことは困難である。

　　　したがって，本件では営業主体の誤認を招くような特
段の事情があるといえ，営業は同種ではないものの，名
板貸人の責任を追及することができる。

　ウ　甲は，自己の名をもってラーメン店という営業的商行
為（502条7号）をすることを業とするものであり，「商
人」に当たる（4条1項）。

(2)　要件②に関して ←──要件②（帰責性）

　ア　Aは甲の了解を得ないまま「甲」の商号を使用してい

るにすぎず，明示の許諾はない。

イ　しかし，14条の趣旨は，自己が営業主であるかのような外観を作出したことにつき帰責性を有する者は，この外観を信頼して取引した者に対し責任を負うべきとする外観法理にある。

そうだとすれば，「許諾した」とは，本人に債務を負わせるに足りる帰責性があればよく，黙示でも足りると解する。もっとも，単なる放置では足りず，「許諾した」といえるためには，放置が，社会通念上妥当でないと考えられる状況の下における放置であることを要すると解する。 ←――「黙示でも足りる」と指摘するだけでも十分ですが，本問では他に論じるべき事項がないので，より詳しく論じました

ウ　Aは，もともと甲の従業員であったのであり，しかも，甲が営業を行っていた場所で，同じ「甲」の名前でスポーツ用品店を営業している。この状況では，Aと取引をする者が営業主体を甲と誤認するのは時間の問題であるから，甲がこれを知りながら放置することは，社会通念上妥当でないと考えられる状況の下における放置であるといえ，「許諾した」と認められる。 ←――あてはめ

(3)　要件③に関して ←――要件③（相手方の信頼）

「誤認」とは，善意・無重過失を指す。重過失は悪意と同視できるからである。 ←――論証

本件でも，乙が甲の営業だと誤信したことにつき重過失がなければ，「誤認」したといえる。

3　以上より，乙が営業主を誤信している点につき重過失がなければ，14条の適用により，乙は甲に対して売掛金の弁済を求めることができる。

以　上

甲は，長年にわたり，「甲」という商号でラーメン屋を営んできたが，競争の激化によって，売上げが激減し，営業活動を縮小せざるを得なくなった。

その後，ラーメン甲の元従業員であったAが以前ラーメン甲が入っていた部屋を賃借し，甲の了解を得ないまま「甲」という商号でスポーツ用品店を始めた。Aは，「甲」と書かれたラーメン店の看板と店の外観を気に入っていたため，看板の右上に小さく「スポーツ」と目立たないように書くにとどめ，自らの営業にも使用した。甲は，このことに気が付いたが，最後まで自分を支えてくれたAを応援する気持ちで放置していた。 どのこと?

Aのスポーツ用品店の売上げは，当初は好調であったが，その後，伸び悩んでしまい，事実上の倒産状態に陥った。

甲の営業だと誤信してAと取引したスポーツ用品の納入業者の乙は，甲に対して売掛金の弁済を求めることができるか。

1. 乙は A と取引関係。
   甲に対しては 原則 ×。

2. <もっとも> 名板貸人としての 連帯責任(商法14条) 追及 OK?

   (1) 「甲」の 商号使用

   (2) 「許諾」あり?
       <この点> 14の趣旨：営業・誤信・外観
       <かかる趣旨から> 黙示もOK。
       <本件>

   (3) 「誤認」：善意無重過失

   (4) 異なる種類の営業だが OK か?
       <この点> 原則 同種。
       <but> 特段の事情あれば ○
       <本件> 元従業員、以前甲が入っていた部屋を賃借
              看板の右上に小さく「スポーツ」と書いただけ
              気が付いたが、応援、放置
              → ○

   (5) ○

16

1. 乙はAと取引した者であり、甲とは取引関係にはなかったのであるから、甲に対して売掛金の弁済を求めることはできないとも思える。

2. しかし、甲は長年にわたり「甲」という商号でラーメン屋を営んでいた者であるところ、Aが「甲」という商号でスポーツ用品店を始めたことに気が付いたが放置していたのであるから、甲の営業だと誤信してAと取引した乙を保護すべく、甲に名板貸人としての連帯責任（商法14条）を認め、乙が甲に対し、前記売掛金の弁済を求めることができることから問題となる。

(1) まず、Aは、「甲」という甲にとり「自己の商号を使用して」スポーツ用品店の「営業を……を行っている」といえる。

(2) 次に、甲はAによる「甲」の商号使用を放置していたのみであるが、これをもって「許諾」ありといえるか。

この点、商法14条の趣旨は、自己の商号使用を認め、虚偽の外観を作出した商人の信頼の下に、当該商人の営業であると誤信して取引した相手方を保護する外観法理にある。

かかる趣旨からすれば、商号使用についての明示の許諾に限らず、明示の許諾と同視できるような黙示の許諾がある場合であっても、相

手方保護の必要は変わらないことから、黙示の許諾がある場合でも「許諾」にあたると解する。

本件では、甲は、Aによる「甲」の商号使用を気が付きながら放置したというにとどまらず、最後まで自分を支えてくれたAを積極的に応援する気持ちがあったというのであるから、明示の許諾と同視できるような黙示の許諾がある場合といえる。

よって、「許諾」ありといえる。

(3) さらに、前述した相手方保護という14条の趣旨からすれば「誤認」とは、名板貸人が営業を行うものと信じたことについて、善意・無重過失であることをいうと解する。

本件では、乙は、甲の営業だと誤信しているので、甲が営業を行うものと信じたことについて善意・無重過失といえ、「誤認」ありといえる。

(4) そうだとしても、Aは、スポーツ用品店という甲のラーメン屋とは異なる種類の営業をしているところ、かかる場合でも甲に名板貸人の責任を認めることができるか。

この点、商法14条の趣旨は、前記のように名板貸人の営業と誤信して取引した相手方を保護する点にあり、前提として、名板貸人と名板借人の営業は原則として同様である必要があると解する。もっとも、異なる営業について商号使用を

認めていたと見られる特段の事情ある場合には、係争中相手方債権を優先すべきであり、例外的に、名板貸人の責任を認めるべきと解する。

イ　本件では、Aは、ラーメン屋「甲」の元従業員であり、以前甲が入っていた部屋を賃借したうえで、ラーメン店の看板の右上に小さく「スポーツ」と書いたうえで看板と外観をそのまま利用して、自らの営業に使用していた。そして、このように、「甲」と同一の場所で、ほぼ同一の看板、外観を利用して、Aがスポーツ用品店を営業していることにつき、甲は気づきながら前述のようにAを応援する気持ちで放置していたためには、甲は、ラーメン屋の営業とは異なる種類であるスポーツ用品店の営業について、「甲」の使用を認めていたと見られる特段の事情ありといえる。

よって、本件では、甲について、なお名板貸人の責任は認められる。

(5)　以上から、甲には、名板貸人としての連帯責任が認められ、Cは、甲に対し、売掛金の弁済を求めることができる。

以上

Ⅱ　会社法

①「株式会社A」は，Bから多額の融資を受けていたところ，②返済を免れるためにその主要部門を現物出資して「株式会社新A」を設立した。

③「株式会社A」と「株式会社新A」は，役員，本店所在地，従業員等を共通にし，従来のまま営業が続いている。

④Bは「株式会社新A」に対して貸金の返還を求めるために，会社法上，いかなる手段を採ることができるか。

■ 出題論点

■ 問題処理のポイント

本問は，会社法総則の分野から，会社法22条1項の類推適用の可否，法人格否認の法理について問う問題です。

本問のような濫用的な会社の設立については，債権者にどのような責任追及の手段があるのか，整理しておくとよいでしょう。

■ 答案作成の過程

1 請求の法的根拠

本問では，①Bは「株式会社A」に対して融資を行っているところ，「株式会社A」と「株式会社新A」は法人格として別であるため，原則として「株式会社新A」に対して貸金の返還を求めることはできません。

そこで，どのような手段を採り得るのか考える必要があるのですが，1つは，両会社の商号の類似性に着目した構成です。具体的には，会社法22条1項を類推適用するというものです。

もう1つは，より一般条項による構成です。具体的には，法人格否認の法理を用いるというものです。

なお，民法上の詐害行為取消権（民法424条）を行使して，現物出資を詐害行為として取り消すことも考えられなくはありません。現にそれを認める裁判例もあります（東京地判平15.10.10）。しかし，④本問では，「会社法上」の手段を問うていますので，この点について触れる必要はありません。

2 会社法22条1項類推適用による請求

　会社法22条1項は，「事業を譲り受けた会社（以下この章において「譲受会社」という。）が譲渡会社の商号を引き続き使用する場合には，その譲受会社も，譲渡会社の事業によって生じた債務を弁済する責任を負う。」と定めています。

　②「株式会社新A」は，「株式会社A」から「事業を譲り受けた」わけではありませんので，同条を直接適用することはできません。

　もっとも判例は，事業譲渡と現物出資は，いずれも法律行為による営業の移転であることを理由に，現物出資の場合に，会社法22条1項の類推適用を認めています（最判昭47.3.2）。

　本問でも，会社法22条1項の類推適用によって「株式会社新A」に対して貸金の返還を求めることが考えられます。

　問題は，「商号を引き続き使用する場合」に当たるか否かです。これが認められなければ，会社法22条1項を類推適用したところで，「株式会社新A」に対して貸金の返還を求めることはできません。

　この点について判例は，このように「新」という字句を使用した場合には，取引通念上は継承的字句ではなく，かえって新会社が旧会社の債務を承継しないことを示すための字句であると解されるとしています（最判昭38.3.1【商法百選17】，ただし，会社の種類も異なっていた事案）。

　そのため，本問でも，同判決に従えば，会社法22条1項の類推適用は否定されることになるでしょう。

3 法人格否認の法理による請求

　そこで，Bとしては，法人格否認の法理により，「株式会社A」と「株式会社新A」を同一視することにより，「株式会社新A」に対して貸金の返還を求めることが考えられます。

　法人格否認の法理の適用については，いわゆる濫用事例と形骸事例の場合があるというのが判例（濫用事例につき最判昭48.10.26，形骸事例につき最判昭44.2.27【会社法百選3】等）です。なお，その法的根拠については，一般に民法1条3項が挙げられていますが，判例上は，信義則に言及されることが多いとの指摘があります。

　本問では，②「株式会社新A」は，Bに対する貸金債務を免れるために設立されたものであり，濫用事例に当たります。濫用事例の場合において，法人格否認の法理を適用するための要件は，(a)背後者が会社を自己の意のままに道具として用い得る支配的地位にあって，会社法人格を利用している事実（支配の要件），(b)違法な目的という主観的要素（目的の要件）の2つであると解されています。この要件が満たされるか否かは，個別具体的な事案における判断になります。具

体的には，新旧会社の支配者・役員・従業員・事業内容・取引相手等の同一性，事業用資産の流用，事業や資産の譲渡対価の額や支払方法，新会社設立についての債権者との交渉の有無，新会社設立の目的などを考慮することになります。

　ただ，本問は，②上記のように，「株式会社Ａ」が，返済を免れるために営業を現物出資して「株式会社新Ａ」を設立しており，③役員，本店所在地，従業員等を共通にし，従来のまま営業が続いているという典型的な濫用事例なので，(a)(b)の要件を満たすと考えてよいでしょう。

　したがって，Ｂは，法人格否認の法理により，「株式会社新Ａ」に対して貸金の返還を求めることができます。

　なお，本問は事業譲渡の事案ではありませんので，問題が顕在化しませんが，平成26年改正法は，新たに詐害的な事業譲渡について，残存債権者が承継会社に対して，承継した価額を限度として，債務の履行請求をすることができる旨の規定を新設しました（会社法23条の２）。そのため，本問が事業譲渡の事案だった場合，同条との関係で法人格否認の法理が適用できるのか，適用できるとして要件をどのように考えるのかは，議論があるところでしょう。

第1　Bの「株式会社新A」に対する請求の可否
　　　契約主体が異なるため，Bの請求は認められないのが原則
　　　　　↓
　　　Bの「株式会社新A」に対する請求を認めるための法律構成を検討

第2　会社法22条1項による請求
　1　本件では事業譲渡ではなく，現物出資が行われている
　　→会社法22条1項を直接適用できない
　2　会社法22条1項の類推適用の可否
　　　　　↓
　　　類推適用肯定説
　　　　　↓
　　　あてはめ

第3　法人格否認の法理
　1　法人格否認の法理の意義
　2　法人格否認の法理の肯否
　3　法人格否認の法理の要件
　　　　　↓
　　　①支配の要件
　　　②目的の要件
　　　　　↓
　　　あてはめ
　　　　　↓
　　　Bの「株式会社新A」への請求が認められる

Ⅱ　会社法　▼　第3問

第1　Bの「株式会社新A」に対する請求の可否

　　Bが消費貸借契約を締結したのは「株式会社A」であり、「株式会社新A」ではない以上、Bの請求は認められないのが原則である。　　　　　　　　　　　　　　　　　　　←原則の指摘

　　しかし、「株式会社A」は、返済を免れるためにその主要部門を現物出資して「株式会社新A」を設立しているのであるから、Bの請求が認められないのであれば、結論として著しく不合理である。　　　　　　　　　　　　　　←結論の不当性

　　そこで、Bの「株式会社新A」に対する請求を認めるための法律構成を検討する。

第2　会社法（以下、法令名省略。）22条1項による請求　←会社法22条1項類推適用

1　まず、22条1項により、「株式会社新A」に対して貸金の弁済を求めるという構成が考えられる。

　　もっとも、本件では現物出資が行われたのであり、事業譲渡がなされたわけではないから、22条1項を直接適用することはできない。　　　　　　　　　　　　　　←直接適用ができないことの指摘

2(1)　そこで、22条1項を類推適用することはできないか。　←類推適用の可否

　　　同条項の趣旨は、商号の続用がある場合は、債権者が同一の営業主体による営業が継続しているものと信じたり、営業主体の変更があったけれども譲受人により譲渡人の債務の引受けがされたと信じたりするものであるところ、このような信頼を保護することにある。　　　　　←論証

　　　そうだとすれば、事業譲渡と現物出資とでは、いずれも法律行為による営業の移転である点で、債権者の持つ信頼は同じであるということができ、類推の基礎があると考えるべきである。

　　　したがって、現物出資の場合であっても、商号の続用が認められるときは、22条1項の類推適用は肯定される。

　(2)　では、本件では商号の続用があったといえるか。　←商号の続用の判断基準

　　　同条の趣旨は上記のとおりであるから、商号の続用の有無は、債権者が上記信頼を与えられるのに足りるような状況が存しているか否かで決すべきである。　　　　　←論証

　　　したがって、商号が同一ではなく、類似しているにすぎない場合であっても取引上の通念によって、譲渡人の債権者が同一の営業主体であると誤解する程度の商号を譲受人において続用している場合には、商号の続用が認められると解する。

　　　本件では、「株式会社A」という商号から、「株式会社新A」という商号に変更されている。「新」という字句は、取引通念上は継承的な字句ではなく、かえって新会社が旧会社の債務を承継しないことを示すための字句である。そうだとすれば、債権者が同一の営業主体であると誤解するものとはいえない。　　　　　　　　　　　　　　←あてはめ

　　　したがって、商号の続用は認められない。

(3)　以上から，本件では22条１項の類推適用はできない。

第３　法人格否認の法理　　　　　　　　　　　　　　　←法人格否認の法理

１　次に，Ｂとしては法人格否認の法理により，「株式会社Ａ」　←意義
　と「株式会社新Ａ」を同一視し，「株式会社新Ａ」に対して　　　　他に書くべき事項が多数あ
　貸金の返還を求めることが考えられる。　　　　　　　　　　　　る場合には，割愛するか，
　　　　ここで，法人格否認の法理とは，法人たる会社の形式的独　　短縮しても構いません
　　立性を貫くと正義・衡平に反する結果となる場合に，特定の
　　事案に限って会社の独立性を否定し，会社とその社員や他の　　←論証
　　会社を同一視する法理である。会社とその社員や他の会社を
　　同一視し，どちらに対しても請求を可能とする点にその意義
　　がある。

２　もっとも，かかる法理が認められるか，明文なく問題とな　←根拠
　る。
　　　　会社に法人格が付与されるのは，会社が社会的に存在する　←論証
　　団体であり，そうすることが国民経済上有用だからである。
　　そうだとすれば，法人としての実体がないような場合や法人
　　格が濫用されている場合には，法人格を否定することが可能
　　である（民法１条３項）。

３(1)　ただし，法的根拠が一般規定である以上，適用範囲は限　←要件
　　　定されなければならない。
　　　　そして，本件のように会社の背後者が，債務の履行や強　←論証
　　制執行を逃れるために会社の法人格を利用する場合は，背

　　後者に違法不当な目的があるか否かが重要となるから，①
　　背後者が会社を実質的に支配し，利用している事実（支配
　　の要件）に加え，②違法な目的という主観的要素（目的の
　　要件）も必要となると解する。

　(2)　「株式会社新Ａ」は，「株式会社Ａ」の主要部門を現物出　←あてはめ
　　　資して設立されたものであり，役員，本店所在地，従業員
　　　等を共通にし，従来のまま営業を続けている。そうだとす
　　　ると，「株式会社Ａ」と「株式会社新Ａ」は実態としては
　　　同一であり，「株式会社Ａ」は「株式会社新Ａ」に対して
　　　実質的に支配し，利用しているといえる（①充足）。
　　　　そして，「株式会社新Ａ」はＢに対する貸金債務を免れ
　　　るために設立されたものであり，違法な目的も認められる
　　　（②充足）。

　(3)　以上より，本件では法人格否認の法理が適用され，両会
　　　社が同一視される結果，Ｂの「株式会社新Ａ」への貸金返
　　　還請求が認められる。

　　　　　　　　　　　　　　　　　　　　　　　以　上

「株式会社A」は，Bから多額の融資を受けていたところ，返済を免れるためにその主要部門を現物出資して「株式会社新A」を設立した。

「株式会社A」と「株式会社新A」は，役員，本店所在地，従業員等を共通にし，従来のまま営業が続いている。

Bは「株式会社新A」に対して貸金の返還を求めるために，会社法上，いかなる手段を採ることができるか。

第1，　22Ⅰ による責任追及

1．　現物出資．直接適用 ×

〈もっとも〉 22Ⅰの趣旨

〈そうだとすると〉 妥当．類推 OK．

2．〈そうだとしても〉「新」の文言

矛盾しない趣旨

3．〈∴〉 ×．

第2．　法人格否認の法理．

濫用

第1. Bは、「株式会社A」がBから融資を受けたことによる貸金返還債務は、「株式会社A」の「事業によって生じた債務」にあたるとして、「株式会社新A」に対し、貸金の返還会社法22条1項により、貸金の返還を求めることができないか。

1. この点、同22条1項は、事業譲渡がされた場合の譲受会社の責任「株式会社新A」は、「株式会社A」の主要部門を現物出資して設立された会社であり、「事業を譲り受けた会社」には、あたらないため、同22条1項を直接適用はできない。

　もっとも、22条1項の趣旨は、事業譲渡に際し、商号の続用がある場合には、債務も譲受会社に移転したかのような外観を生じるから、かかる外観を信頼した債権者を保護する点にある。

　そうだとすると、従来の会社の事業部門を現物出資して新会社が設立された場合にも、事業活動の移転を伴なう点で、事業譲渡の場合と共通し、債務も新会社に移転するとの外観を生じるから、（商号の続用がある場合には）前記との趣旨が妥当する。

　そこで、22条1項類推適用により、旧会社の事業を現物出資して設立された新会社に、旧会社の事業によって生じた債務の弁済責任を問えると解する。

　よって、本件でも、Bは、22条1項類推により、「株式会社新A」に対し、「株式会社A」の融資行為に基づく貸金の返還を求める。

2. そうだとしても、従来の「株式会社A」と、現物出資により設立された「株式会社新A」との間の、商号の続用が必要との商号は、従来の「株式会社A」の「商号を引き続き使用」するものといえるか。

　この点、従来の会社名に「新」との文字を付して新しい商号とした場合、取引通念上、従来の会社の債務を承継しない趣旨と解すべきであり、「商号を引き続き使用」には、あたらないと考える。

　よって、本件でも、「株式会社新A」は、「商号を引き続き使用」するといえず、Bは、「株式会社新A」に、22条1項類推により、貸金の返還を求めることはできない。

第2. が、斯く解することは、Bに酷とも思える。

　しかし、「株式会社A」と「株式会社新A」は、代表、本店所在地、従業員等を共通にし、従来の営業また営業が続いているから、実質的に見て、同一の存在といえる。その「株式会社A」は、Bからの返済を免れ目的に、事業を現物出資して「株式会社新A」を設立したというのだから、「株式会社A」は、法の適用がなし、法的責任を免れるために、「株式会社新A」の法人格を濫用したものといえる。

　そこで、Bは、法人格否認の法理により、

27

たる「株式会社A」に賃金の返還を求めることができる
と考えられるが、前記結論は不当とはいえない。

以上

A が株式会社の発起人として会社の設立中にした行為に関して，次の問に答えよ。

(1)　①A は，B との間で，原材料を会社の成立後に譲り受ける契約を締結した。会社の成立後，②会社の代表取締役に就任した A に当該原材料を引き渡した B は，会社に対しその代金の支払を請求することができるか。逆に，③会社は，B に対し当該原材料の引渡しを請求することができるか。

(2)　④A は，C に対し会社の宣伝広告をすることを依頼し，これを承諾した C は，近く会社が成立し営業活動を開始する旨の広告を行った。⑤C は，会社の成立後，会社に対しその報酬を請求することができるか。⑥この請求ができないとした場合には，C は，だれに対しどのような請求をすることができるか。

（旧司法試験　平成7年度　第1問）

□ 出題論点

・設立中の会社の意義 .... **A**
・設立中の会社の発起人の権限 .... **A**
・設立費用・財産引受け・（財産引受け以外の）開業準備行為の処理 .... **A**

□ 問題処理のポイント

　本問は，設立の分野から，設立中の会社に関する理解を問う問題です。旧司法試験平成7年度第1問で出題された問題をそのまま用いています。

　設立中の会社に関する問題は，学説による議論の対立が激しく，理解の難しい分野ですが，判例の立場は，ズバリ「条文どおりに考える」というものですので，処理の仕方は比較的明確です。本問を通じて，処理の仕方を確立してください。

　設立に関しては，本問において問題となる設立中の会社以外に，仮装払込みが行われた場合など設立に瑕疵が生じた事案が出題される可能性があります（（新）司法試験平成22年度第1問（商法）〔設問2〕でも出題実績があります。）。仮装払込みについては，平成26年改正法で新設された規定もありますので，お手持ちのテキスト等で条文と論点を整理しておいてください。

1 小問(1)について

1 前段について

(1) ②Bの代金支払請求に対して，会社は，①原材料を会社の成立後に譲り受ける契約（以下「本件契約1」といいます。）が財産引受け（会社法28条2号）に該当することを前提として，定款に記載されない限り，契約は無効であり，代金の支払義務を負わないと反論することが考えられます（会社法28条柱書反対解釈）。

本問では，本件契約1について定款に記載があるか否かは問題文に記載されていませんが，記載があれば，代金支払請求をすることができるということで話が終わってしまいますので，記載がない場合を想定して検討することにしましょう。

定款に記載のない財産引受けが無効となることは，判例・通説が認めるところです。判例は，「本件営業譲渡契約は，商法168条1項6号（注：現会社法28条2号）の定める財産引受に当たるものというべきである。そうすると，本件営業譲渡契約は，……原始定款に同号所定の事項が記載されているのでなければ，無効」であるとしています（最判昭61.9.11【会社法百選5】）。

したがって，Bの請求は認められないという結論になります。

(2) 設問前段について，設立中の会社の法的性格や発起人の権限の範囲等について検討しなくてもよいのか疑問に思う方もいるかもしれません。しかし，設問前段では，条文を素直に適用すれば，結論が導き出されるのですから，あえて解釈を挟む必要はありません（あえていうと，会社法28条柱書を反対解釈してよいのかという点は解釈問題になり得ますが。）。

これらの論点については，後段で論じるべきです。後段では，定款に記載のない財産引受けについての追認の可否という条文に記載されていない事項が問題となるからです。

(3) なお，前掲最判昭61.9.11【会社法百選5】は，「本件営業譲渡契約は無効であって，契約の当事者である……会社は，特段の事情のない限り，右の無効をいつでも主張することができるものというべきである。」としつつ，当該事案において，相手方会社が本件営業譲渡契約に基づく債務をすべて履行済みであること，それについて苦情を申し出たことがないこと，本件営業譲渡契約が有効であることを前提に，相手方会社に対し本件営業譲渡契約に基づく自己の債務を承認し，その履行として譲渡代金の一部を弁済し，かつ，譲り受けた製品・原材料等を販売又は消費していること，原始定款に所定事項の記載がないことを理由とする無効事由について契約後約9年後に初めて主張するに至ったものであること，両会社の株主・債権者等の会社の利害関係人がその理由に基づき

本件営業譲渡契約が無効であるなどとして問題にしたことは全くなかったことなどの事実を挙げ，無効主張をすることが信義則に反して許されない（特段の事情がある）としています。

　本問では，そのような事情は認められないので，原則どおり，無効主張をすることができるとしてよいでしょう（解答例では一言留保を付しておきました。）。

2　後段について

　後段では，③会社がBに対して原材料の引渡しを請求することができるかが問われています。この請求は当然本件契約1に基づくものでしょうから，その法的効果が，会社に帰属していることが必要になります。

　そこで，会社から本件契約1を追認することができるのか，問題となります。

　この点について，判例は一貫して追認を否定しています。例えば，前掲最判昭61.9.11【会社法百選5】は，上記の引用部分に続いて，商法168条1項6号（注：現会社法28条2号）が「無効と定めるのは，広く株主・債権者等の会社の利害関係人の保護を目的とするものであるから，本件営業譲渡契約は何人との関係においても常に無効であって，設立後の……会社が追認したとしても，あるいは……会社が譲渡代金債務の一部を履行し，譲り受けた目的物について使用若しくは消費，収益，処分又は権利の行使などしたとしても，これによって有効となりうるものではないと解すべきである」と述べています。

　判例の立場からすると，結局，条文どおりという結論になります。

　これに対して，学説上は追認を肯定する立場が有力です。この立場は，財産引受けの規模にもよりますが，追認に事後設立の手続（会社法467条1項5号）を要求します。

　追認の可否等の結論（その他には，本問では問題となっていませんが，定款記載の範囲を超えた設立費用の帰属等があります。）を導き出すために，従来から設立中の会社の法的性格や発起人の権限の範囲等について，議論がなされてきました。上記の判例のように，追認を否定した上で，その理由について「広く株主・債権者等の会社の利害関係人の保護を目的とするものである」と一言述べておけば足りるということもできますが，やはり上記の論点について触れておいた方が穏当だと思います。

2 小問(2)について

1　請求の相手方

　本小問では，④⑤会社の成立後，会社に対し会社の宣伝広告に関して，その報酬を請求することができるか，⑥またこれができないとした場合，Cが誰に対してどのような請求をすることができるのかが問われています。その場合における請求の相手方としては，Aと成立後の会社が考えられます。

2 成立後の会社に対する請求

　④本小問における成立後の会社に関する広告を委託する契約（以下「本件契約２」といいます。）は，開業準備行為に当たりますが，法は，財産引受け以外の開業準備行為については定めを置いていません。

　学説上は，財産引受けに関する会社法28条２号を類推適用するという立場も主張されていますが，判例は「商法168条１項６号（注：現会社法28条２号）の立法趣旨からすれば，会社設立自体に必要な行為のほかは，発起人において開業準備行為といえどもこれをなしえず，ただ原始定款に記載されその他厳重な法定要件を充たした財産引受のみが例外的に許されるものと解される」（注は，筆者）と述べ，そのような解釈を採らない旨を明らかにしています（最判昭38.12.24）。結論的には，ここも条文どおりに解釈するということです。

　したがって，成立後の会社に対する報酬請求は認められません。なお，広告により会社に利得が生じている場合には，不当利得返還請求（民法703条）をする余地がありますが，これは指摘してもしなくてもどちらでもよいでしょう。

3 Aに対する請求

　もっとも，判例は，一種の無権代理として，民法117条を類推適用し，発起人に対する賠償請求を認めています（最判昭33.10.24【会社法百選４】）。

　本問では，Cの主観的事情に関する事実が問題文に挙げられていませんので，民法117条の類推適用に関するあてはめまでは不要でしょう。

第1　小問(1)について
1　前段について
原材料を会社の成立後に譲り受ける契約→財産引受け（会社28②）
↓
定款に記載のない財産引受けは無効（会社28柱書）
↓
Bの請求は認められない
2　後段について
財産引受けの追認の可否
↓
設立中の会社の法的性格
↓
同一性説
↓
発起人の権限の範囲
↓
開業準備行為としての財産引受けは本来権限の範囲外の行為
→定款への記載等を要件として法が特に認めたもの
↓
追認不可
↓
引渡請求不可

第2　小問(2)について
1　ＡＣ間の宣伝広告依頼契約は，開業準備行為
↓
財産引受け以外は，法に定めがないから絶対的に無効
→報酬請求は不可
↓
2　Aに対して民法117条の類推適用により，責任追及
↓
3　会社に対して不当利得返還請求（民703，704）をする余地もあり

第1　小問(1)について　　　　　　　　　　　　　　←小問(1)について

1　前段について　　　　　　　　　　　　　　　　←前段について

(1)　Aが設立中の会社の発起人としてBとの間で締結した原
材料を会社の成立後に譲り受ける契約(以下「本件契約1」
という。)は，会社の成立を条件として会社成立前から存
在する特定の財産を譲り受けるものであるから財産引受け
に当たり，定款に記載(会社法(以下，法令名省略。)28　←定款に記載がある場合につ
条2号)されれば有効であり，Bは会社に対し代金支払請　　いても触れておきました
求することができ，会社側はBに対し原材料の引渡請求を
することができる。

(2)　これに対して，定款に記載がないなど法定要件を充足し　←定款に記載がない場合
ない場合は無効(28条柱書)であり，Bは会社に対し代金　　前段は，条文の適用だけで
支払請求することができない。　　　　　　　　　　　　　解決することができます

ただし，会社が無効主張をすることが信義則(民法1条　←この点は割愛可
2項)に反する場合は別論である。

2　後段について　　　　　　　　　　　　　　　　←後段について

では，定款に記載のない財産引受けを成立後の会社が追認
し，当該原材料の引渡しを請求することができるか。

(1)　まず，かかる追認が認められるためには，本件契約1の　←前提問題として，そもそも
効果が成立後の会社に帰属し得ることが必要である。　　　　成立後の会社に効果が帰属

(2)　そこで，設立中の会社の発起人が行った行為が設立後の　　することがあり得るか，論
会社に帰属することがあり得るか，設立中の会社と設立後　　じました

の会社との関係が問題となるが，上記のように法は要件を　←論証
満たした場合に，設立中の会社が行った行為の効果が設立
後の会社に帰属することを承認している。

また，実質的にみても，「会社は……設立の登記をする
ことによって成立」する(49条)が，それ以前にも権利能
力なき社団たる設立中の会社として社会的に実在する。そ
して，かかる設立中の会社が成長発展し，権利能力を付与
されて完全な会社となるのであるから，設立中の会社と設
立した会社とは実質的には同一であると考えることができ
る。

したがって，本件契約1の効果は成立後の会社に帰属し
得る。

(3)　もっとも，それは，発起人の権限の範囲内でなされた行　←論証
為の効力に限られる。そして，設立中の会社は，会社の設　　発起人の権限の範囲
立を目的とするから，発起人は，会社設立のために直接必
要な行為についてはもとより，設立のために事実上必要な
行為まで可能である。

そうすると，開業準備行為としての財産引受けは，設立　　あてはめ
のために事実上必要な行為ですらなく，本来発起人の権限
の範囲外の行為である。そうだとすれば，28条2号は開業
準備行為である財産引受けについて，定款への記載等を要
件として例外的に発起人の権限を認めたものである。

　　　　そのため，定款に記載がない場合には，追認も認めるべ
　　きではない。法が定款に記載のない財産引受けを無効と定
　　めたのは，広く株主・債権者等の会社の利害関係人の保護
　　を目的とするものであることからしても，そのように解す
　　べきである。
　　　　よって，当該原材料の引渡しを請求することはできない。
第2　小問(2)について　　　　　　　　　　　　　　←小問(2)について
1　ＡＣ間の宣伝広告依頼契約（以下「本件契約２」という。）　←開業準備行為に当たる旨の指摘
　は，近く会社が成立し，営業活動を開始する旨を内容とする
　ものであるから，開業準備行為に当たる。
　　　開業準備行為については，設立のため，事実上必要な行為　論証
　にも当たらないから，発起人の権限の範囲外である。また，
　財産引受けと異なり，開業準備行為に関して会社法に定めが
　ないから，無効とせざるを得ない。
　　　したがって，会社の成立後，会社に対し，その報酬を請求
　することはできない。
2　そこで，ＣはＡに対して責任追及することが考えられる。　←発起人に対する責任追及
　　　本件契約２は発起人が設立中の会社の機関として行った行
　為であるから本来その効果が発起人に帰属することはないが，
　発起人のなした行為は一種の無権代理と構成できることから
　民法117条を類推適用し，Ａは無権代理人としての責任を負
　うと解すべきである。

　　　したがって，Ｃが，当該契約締結が法定要件を欠くために，
　発起人の権限外の行為であることにつき善意・無過失である
　場合には，Ａに対して報酬の全額請求，又は損害賠償請求を
　することができる（同条２項。ただし，Ａが権限外の行為で
　あることにつき悪意である場合には，Ｃには無過失が要求さ
　れない，同条２項２号ただし書）。
3　また，広告により会社に利得が生じている場合には，「法　←この点は割愛可
　律上の原因」を欠くことから，Ｃは会社に対し不当利得の返
　還請求をすることができる（民法703条，704条）。
　　　　　　　　　　　　　　　　　　　　　　　　以　上

Aが株式会社の発起人として会社の設立中にした行為に関して、次の問に答えよ。

(1) Aは、Bとの間で、原材料を会社の成立後に譲り受ける契約を締結した。会社の成立後、会社の代表取締役に就任したAに当該原材料を引き渡したBは、会社に対しその代金の支払を請求することができるか。逆に、会社は、Bに対し当該原材料の引渡しを請求することができるか。

(2) Aは、Cに対し会社の宣伝広告をすることを依頼し、これを承諾したCは、近く会社が成立し営業活動を開始する旨の広告を行った。Cは、会社の成立後、会社に対しその報酬を請求することができるか。この請求ができないとした場合には、Cは、だれに対しどのような請求をすることができるか。

(旧司法試験　平成7年度　第1問)

小問(1)

1. 定款記載(会社28回)ある場合.

　　成立後の会社と同一の存在. 設立中の会社に帰属

　　Bの請求. 会社の請求も ok

2. 記載ない場合.

(1) 原則 ×

(2) くそうだとしても〉会社は追認して請求は？

　　〈この点〉設立中の会社の実質的権利能力… 設立に必要な行為

　　〈よって〉機関たる発起人の権限… 〃

　　〈そこで〉28回の趣旨

　　〈結論〉追認 ×

小問(2)

1. 財産引受以外の開業準備行為

　　原則 ×

　　〈もっとも〉定款記載ある場合. 例外

2. Aに対する報酬請求等は？

　　民法117 類推

第1. 小問(1)

1. Aが、発起人として、原材料を会社の成立後に譲り受ける契約を締結したことは、会社の成立を条件とした一定の財産の譲受けといえ、財産引受(会社法(以下略)28条2号)にあたる。

そこで、当該契約の内容について、定款に記載があれば、成立後の株式会社と実質的に同一の存在と解される設立中の会社に、効果帰属する(28条本文参照)。

よって、定款に記載があれば、Bは会社に対し、代金の支払を請求することができる。また、会社は、Bに対し当該原材料の引渡しを請求することができる。

2(1) これに対し、前記契約の内容について定款に記載がない場合、当該契約は設立中の会社に効果帰属しない。

そこで、この場合、Bは成立後の会社に対し、代金の支払を請求できず、又、会社はBに対し当該原材料の引渡しを請求することができないのが原則である。

(2) もっとも、原材料の譲受けは会社にとって有利の利益となる場合もあることから、成立後の会社がAの行為を追認(民法116条類推)することで、前記契約を効果帰属させ、例外的に、会社のBに対する原材料の引渡し請求権を認めることはできないか、設立中の会社の実質的権利能力及び発起人の権限と関連して問題となる。

7. この点、設立中の会社の実質的権利能力は、あくまで会社の設立を目的とするものの、その実質的権利能力の範囲は、会社の設立に必要な行為に限られ、開業準備行為にはBばないものと解する。

そして、設立中の会社の機関である発起人の権限の範囲も会社の設立に必要な行為に限られると解すべきである。

そうであるとすれば、会社法28条2号の趣旨は、本来、財産引受は、会社の実質的権利能力及び発起人の権限内の行為とはいえないところ、定款に記載する限度で設立中の会社に効果帰属(会社の便宜のため)させた点にあると考えられる。

それ故、定款に記載のない財産引受は絶対的に無効であり、成立後の会社が追認したとしても、会社に効果帰属することはないと解する。前記原則のとおり。

イ. したがって、本件でも、会社は、Aの締結した前記契約を追認し、Bに対する原材料の引渡しを請求することはできない。

第2. 小問(2)

(1) AがCに対し、会社発起人に、会社の宣伝広告をすることを依頼した行為は、開業準備行為にあたる。

そして、前記の通り、開業準備行為は、発起人たるAの権限に含まれないため、Aの前記行為を会社に効果帰属せず、Cは、会社に対し、その報酬を請求することはできないのが原則である。

(2) もっとも、本来無効な行為について、会社の便宜のため、定款に記載のある限度で設立中の会社に効果帰属させるという28条2号の趣旨は、財産引受以外の開業準備行為にも妥当する。そこで、かかる開業準備行為についても定款に記載あれば、会社に効果帰属すると解する。

それ故、Aの本件債任たるの依頼内容について、定款に記載ある場合には、例外的に、Cは会社に対し、その報酬を請求することができる。

2. 定款に記載がなく、Cが会社に対し、報酬請求ができない場合、Cは依頼行為をしたAに対し、報酬請求~~ないし損害賠償請求ができる~~等ができないか。

この点、Aは、前記依頼行為をする権限がなく、発起人として行為している点で、無権代理人と同視できる。

そこで、民法117条を類推適用し、Aの~~する~~履行責任ないし損害賠償責任の追及として、報酬相当額の支払い請求をすることができる。CはAに対し。

以上

第 **5** 問

　①ある取締役会設置会社が，平成23年度の株主総会において，次のような内容の定款変更を行おうと考えている。それぞれについて②会社法上のような問題があるか説明した上，そのような定款変更が許されるかどうかについて論ぜよ。

1　③株式の譲渡について株主総会の承認を必要とする。

2　④1万株以上の株式の所有者は，自社の製品を定価の4割引きで購入することができる。

（旧司法試験　平成12年度　第1問小問1小問2　改題）

□ 出題論点

・株主平等原則の限界 ……………………………………………………………… **A**

□ 問題処理のポイント

1　本問は，株式の分野から，定款による株式の譲渡制限及び株主平等原則に関する理解を問う問題です。旧司法試験平成12年度第1問小問1小問2を会社法下に引き直して出題しています。

2　定款による株式の譲渡制限に関しては，会社の承認を得ることなく譲渡を行った場合の効力という重要論点がありますので，本問と併せて確認しておいてください。

3　株主平等原則に関しては，本問のような古典的な論点だけでなく，近時，買収防衛時に問題となる事案も登場しています（最決平19.8.7【会社法百選98】）。多数決による濫用から少数派株主を保護するという従来型の機能とは，異なる機能が問題となっている点に注意してください。

□ 答案作成の過程

1 小問1について

1　譲渡承認機関の変更

　本小問では，①③「株式の譲渡について株主総会の承認を必要とする」旨の②定款変更が許されるか否かが問われています。

　取締役会設置会社において，株式譲渡の承認機関は取締役会であるとされています（会社法139条1項本文）。では，譲渡承認機関を株主総会に変更することはできるのでしょうか。

この点については，会社法139条１項ただし書が，「定款に別段の定めがある場合は，この限りでない。」と定めており，定款に定めることによって，承認機関を変更することを認めています。

もっとも，この定款自治が制限なく認められるか否かについては見解が分かれています。

例えば，取締役会設置会社において，代表取締役を承認機関とすることが可能であるか否かについては，下位機関である代表取締役に広い裁量の余地を与えた承認権限を認めるべきではないとの立場もありますが，そもそも譲渡制限を定めないことも選択し得ることからすれば，定款自治の範囲内として許容されるとの考え方もあります。また，そもそも会社機関以外の第三者に承認権限を委ねることについても，同条１項は，会社機関間の権限分配につき定款自治を認めているものであるため，このような定めは認められないとの考え方もある一方で，これを肯定する見解もあります。

このように，定款自治を認める範囲については争いがありますが，本問のように，株主総会を承認機関とすることに関しては，肯定することで学説はほぼ一致しているといってよいでしょう。株主を誰にするかを株主総会において株主が自ら決定することには合理性があり，譲渡承認請求をした場合において，承認機関が一定期間内に承認の通知をしない場合には，承認の決定をしたものとみなされるので（会社法145条），株主総会を承認機関にしても，株主の投下資本の回収に影響はないからです。

2　定款で譲渡制限の定めを設ける場合の手続

本問会社がもともと株式の譲渡制限の定めを置いていたのか否かが明らかではありません。

もともと譲渡制限の定めを置いていたのであれば，通常の定款変更の手続をとればよいということになります。具体的には，株主総会の特別決議（会社法309条２項11号）を経る必要があります。

これに対して，もともと譲渡制限の定めを置いていなかった場合には，新たに譲渡制限の定めを置くことになります。この場合には，株主総会の特殊決議を経なければなりません（会社法309条３項１号）。

2　小問２について

1　株主平等原則（会社法109条１項）

会社法109条１項は，「株式会社は，株主を，その有する株式の内容及び数に応じて，平等に取り扱わなければならない。」と定めています。

本問のような株主優待制度については，株主平等原則に反しないかが争われています。仮に，株主平等原則に反するのであれば，そのような定款変更は許されないということになります。

2 株主優待制度

株主優待制度とは，本問の割引制度のように，一定の株式を保有する者に事業上の便益を与える制度のことをいいます。

まず，そもそも論として，優待を受けることは株主権の内容になっておらず，会社の営業上のサービス又は宣伝の一環にすぎないから，株主平等原則とは無関係であるとする立場があります。

もっとも，株主であることに注目して優待する以上，多くの見解は，株主平等原則と無関係であるとまでは考えていません。

ただ，株主優待制度に厳格な株主の平等を要求する見解もまた少数にとどまります。

例えば，株主の個性に着目することなく，株式の数のみに着目して株主を別異に取り扱い，かつ，その別異取扱いに合理性がある場合には，株主を「数に応じて」取り扱ったこととなり，株主平等原則に反することはないとする立場があります。また，厳密に持株数に応じた取扱いになっていないとして，形式的には株主平等原則に反する（例えば，保有株式数1000株以上の株主に年間商品券5枚を交付するという制度だった場合，それ以上の株式数をいくら保有しても，5枚以上の商品券の交付を受けることができません。）ものの，合理的な範囲にとどまっているのであれば，実質的には株主平等原則に反しないとする立場もあります。

いずれの見解も，結論的には大差ありませんので，答案上はどちらの見解によってもよいでしょう。

本問では，④「1万株以上の株式の所有者は，自社の製品を定価の4割引きで購入することができる。」とする割引制度を設けています。

これが合理的な範囲にとどまるものなのかは微妙なところです。筆者が調べたところでは，例えば，航空会社のANAが国内線片道普通運賃の50％割引を行っていました。この例から考えると，4割引は許容される範囲だということもできそうです。ただ，ANAの場合には，使用に様々な条件がありましたので，自社の全ての製品を無条件で何度でも4割引で購入できるとなると，合理的な範囲とはいい難いという評価も可能なように思われます。

問題文では，そこまで詳細な事実関係が挙げられているわけではありませんので，結論としてはどちらでも構わないでしょう。

第1　小問1について

　1　取締役会設置会社では，原則として取締役会が承認機関（会社139Ⅰ本文かっこ書）

　　　　↓

　　　会社法139条1項ただし書＋株主総会を承認機関とすることの合理性

　　　　↓

　2　本小問の定款変更も許される

　　　　↓

　3　ただし，定款変更の手続が必要

第2　小問2について

　1　小問2は，株主優待制度を定めるものである

　　　　↓

　2　株主平等原則と無関係ではない

　　　　↓

　3　株主平等原則に反するか

　　　　↓

　　①合理的必要性

　　②軽微であること

　　　　↓

　　　あてはめ

　4　本問の定款変更は，株主平等原則に反し，許されない

第1　小問1について

1　会社法は定款に定めることで譲渡承認機関を変更することができるものとしている（会社法（以下，法令名省略。）139条1項ただし書）。もっとも，かかる規定によれば，どのような定めでも置くことができるか否かは別問題である。例えば，強行法規違反がある場合には，そのような定めを置くことは許されない。

　　そこで，本問のような定款変更が許されるか，検討する必要がある。

← 小問1について

2　本問の会社は取締役会設置会社なので，原則として取締役会が承認機関である（139条1項本文かっこ書）。

　　しかし，株主を誰にするかを株主総会において株主が自ら決定することには合理性がある。また，譲渡承認請求をした場合において，承認機関が一定期間内に承認の通知をしない場合には，承認の決定をしたものとみなされるので（145条），株主総会を承認機関にしても，株主の投下資本の回収に影響はない。

　　したがって，株式の譲渡について，株主総会の承認を必要とする旨の定款変更も許される。

← 定款自治の範囲

3　本問会社が定款においてもともと譲渡制限を定めている場合（107条1項1号），定款変更をするためには株主総会の特別決議（309条2項11号）を経る必要がある。

← 問題文の事実から明らかではないので場合分けをしました

　　これに対して，本問会社がもともと譲渡制限を定めていない場合，定款変更を行うには，株主総会の特殊決議（309条3項1号）を経る必要がある。

第2　小問2について

← 小問2について

1　このような定めはいわゆる株主優待制度と呼ばれる。株主優待制度を定めることが，株主たる資格に基づく法律関係において，原則としてその有する株式数に応じて平等な取扱いを受けることをいう株主平等原則（109条1項）に反しないかが問題となる。

2　まず，かかる株主優待制度は，株主権の内容とは無関係の会社の営業上のサービスや宣伝の一環に過ぎず，株主平等原則とは無関係であるとも思える。

　　しかし，かかる営業上の給付が，一定数以上の株式を有する株主としての資格を有するがゆえに認められるものであり，株主としての資格に基づく法律関係に関するものといえる。

← 本問では検討すべき事項が少ないので，株主平等原則とは無関係であるとする見解も紹介しました

3　では，株主優待制度は株主平等原則に反するか。

← 株主平等原則に反するか

[論証]

(1)　株主平等原則は公平の理念に基づくものである以上，平等といえるか否かについても形式的にではなく実質的に判断すべきである。

(2)　株主優待制度には，個人株主の増大等の合理的必要性が認められる。そのため，株主優待制度は，①優待の合理的な必要があり，②程度が軽微であれば平等原則には反しな

いと解する。

　本小問の定款変更は，１万株以上の大株主に対して，自社製品を定価の４割引きで購入することができるとするものであり，①安定株主確保という合理的必要性があるものと思われる。

　もっとも，②本小問の定款変更は，自社の全ての製品を，期間や回数の制限もなく，しかも定価の４割引きという相当の割合の値引きをしており，②優待の程度が軽微とはいえない。

4　よって，本小問の定款変更は株主平等原則に反し，許されない。

以　上

←あてはめ

ある取締役会設置会社が，平成23年度の株主総会において，次のような内容の定款変更を行おうと考えている。それぞれについて会社法上どのような問題があるか説明した上で，そのような定款変更が許されるかどうかについて論ぜよ。

1　株式の譲渡について株主総会の承認を必要とする。

2　1万株以上の株式の所有者は，自社の製品を定価の4割引きで購入することができる。

（旧司法試験　平成12年度　第1問小問1小問2　改題）

第1．設問1

1，　取締役会設置会社では、承認機関は取締役会（会社139Ⅰかっこ書）
　　本問のように 株主総会とすることできるか？

2．(1)　139Ⅰかっこ書の趣旨、円滑な売却承度の下、指下買事回収を為者に。×とも。

　(2)　くbut＞：株主自身が決めること合理的
　　　　　・145①より．指下買事回収の余地あり．
　　　　　・139Ⅰ但、「定款に別段の定の」

　(3)　くい）OK．

3，　本問 OK．

第2，設問2

1，　株主優待制度にあたる．
　　　→株主平等原則（109Ⅰ）に反しないか？

2，(1)
　(2)　実質的にかんがえる
　　　　①合理的か否か
　　　　②軽微なら OK．

3，(1)〈本件〉少店株を確保（①）
　　　くbut＞：限定する．軽微でない（②）
　　(2)　平等原則違反．

・(2)　定款変更（466）も、基本原則に反するなら×．
　　(2)　本件の変更も×

以上

第1、設問1。

1. 取締役会設置会社においては、株式譲渡制限のある株式の譲渡の際の承認機関に関し、取締役会と規定されているところ（会社法（以下法令名省略）139条1項かっこ書）。本問のように、取締役会設置会社において、株式の譲渡について株主総会の承認を必要とする旨の定款変更をすることができるかが問題となる。

2.(1) この点、取締役会設置会社において譲渡制限株式についての譲渡承認機関を取締役会とした趣旨は、取締役会による円滑な意思決定の下で、株式の投下資本回収を容易にする点にあると考えられる。そこで、かかる趣旨を尊重し、株主総会を承認機関とする定款変更を否定すべきとも思える。

(2) しかし、譲渡制限株式譲渡に際しての承認は、誰を株主とするかを決する意味を有するところ、これを会社の実質的所有者たる株主に委ねることには合理性がある。

また、譲渡承認制限株式の譲渡をした当事者は、譲渡承認請求（136条、137条）をすることができ、一定期間経過時には、承認がされたとみなされることから（145条1号）、株式投下資本回収承認機関を株主株主総会とことにも、株式の投下資本回収の機会が奪われるとはいえない。

加えて、法も、承認機関について「定款に別段の定め」（139条1項但書）を認めており、取締役会設置会社において株主総会

を承認機関とすることを許容する趣旨といえる。譲渡制限。

(3) したがって、取締役会設置会社において、株式の譲渡について株主総会の承認を必要とする旨の定款変更をすることはできると解する。

3. なお、本問でも、必要な手続（309条2項1号）を経れば前記内容の定款変更は許される。

第2、設問2。

1. 本問の定款は、「一万株以上の株式の所有者」という株主のうちの一定の者に、「自社の製品を定価の半額引きで購入することができる」という優遇した取扱いを認めるもので、いわゆる株主優待制度といえる。

そこで、かかる株主優待制度を認める旨の定款変更は、株主は、株主としての地位に基づく法律関係においては、その有する株式数に応じ、平等の取扱いを受けるべきとする株主平等原則（109条1項）に反しないかが問題となる。

2.(1) この点、株主優待制度は、一定株以上の株式を有する、という株主としての地位に基づき法律関係が認められるものである。

(2) もっとも、平等の取扱いを要求する株主平等原則に反するか。

この点、前記原則は公平の理念に基づき認められるものであり、前記原則違反となるかは実質的に判断すべきである。

そこで、株主優待制度も、①合理的な差別であり、②優待の程度が軽微であれば、実質的にみて株主平等原則に違反せず許されるものと解する。

3 (1) 本件について考えるに、「一万株以上の株式の所有者」に、前記のような優待的取扱いを認めることは、長期的に安定株主を確保することが可能になる点で合理的は??が認められる（①大丈夫）。

もっとも、行使限度なく「自社の製品を定価の4割引きで購入することができる」とすることは、製品の値段??に関わりなく、期間の定めなく、自社製品について、4割引という経済的利益を前記の株主に認めるもので、他の株主とし??優待的取扱いの程度が相当とはいえない（②大丈夫）。したがって、本問の株主優待利益は一株を認める定款変更は、株主平等原則に反するといえる。　←変更内容が

(2) もっとも、定款変更は（466条も）株主平等原則のような会社の基本的??に違反する場合には、許されないと解されるため、本問の定款変更も許されない。

以上。

(1) 甲社は，甲社の大株主であるＡから，Ａの保有する甲社株式の一部を買い受けるよう，要請を受けていた。そこで，①甲社は，Ａ保有の株式1000株を市場価格で買い受ける旨の取締役会決議をし，代金をＡに交付した（以下「本件自己株式取得１」という。）。なお，②甲社は，この件について株主総会決議を経ていなかったが，Ａはそのことを認識していなかった。

　　③甲社は，本件自己株式取得１の無効を主張して，代金の返還を求めることができるか。また，④Ａが本件自己株式取得１の無効を主張して，株式の返還を求めることはできるか。

(2) 甲社は，甲社株式の価格を維持するために，発行済みの甲社株式を株主との合意により取得することとした。そこで，⑤甲社は，会社法所定の手続に則り，株主であるＢから自己株式を取得したが，⑥株主Ｂに交付した金銭の帳簿価額の総額が分配可能額を超えていた（以下「本件自己株式取得２」という。）。

　　甲社とＢとの間の法律関係について論じなさい。

▢ 出題論点

▢ 問題処理のポイント

　本問は，株式の分野から，自己株式の取得規制に関する理解を問う問題です。

　自己株式の取得規制には，手続規制と財源規制があります。

　前者については条文の定めが複雑ですので，会社法156条以下を読み込んでおくことが必須です。その上で，当該事案について，どのような手続違反があるのか，正確に指摘できるようにしておいてください。やや難易度が高いのですが，（新）司法試験平成23年度民事系科目第２問（商法）が格好の練習問題になりますので，本問を解き終わった後に，チャレンジしてみてください。

　後者についても，まずは条文を確認しておくことが必要です。その上で，上記の司法試験過去問では，貸借対照表から分配可能額を計算することまで求められていましたので（といっても，そこまで複雑なものではありませんでした），余裕がある方は，そこまで押さえておくとよいでしょう。

　また，それぞれの規制違反の効果については，学説上，議論があります。本問を通じて，自説と処理パターンを確立しておいてください。

1 小問(1)について

1 前段について

③本小問では，「甲社は，本件自己株式取得1の無効を主張して，代金の返還を求めることができるか」が問われています。そのため，本件自己株式取得1の有効性を論じなければなりません。なお，代金の返還請求の法的根拠は，民法上の不当利得返還請求（民法703条，704条）になります。

株主との合意によって，自己株式を取得する場合（会社法155条3号）には，原則として株式の取得に関する事項を株主総会によって決定しなければなりません（会社法156条1項）。その例外としては，市場取引等による取得（会社法165条）の場合があり，この場合には，定款で定めることにより，株主総会決議に基づかず，取締役会決議のみで，自己株式を取得することが可能であるとされています（同条2項3項）。本小問では，①A保有の株式1000株を市場価格で買い受ける旨の取締役会決議をしているものの，市場において買い受けたのか否かは不明ですし，何よりそれを許容する旨の定款の定めがありません。

そのため，原則どおり，株主総会の決議が必要です。

さらに，本小問のように，特定の株主にのみ申込みの機会を与える自己株式取得には，株主総会の特別決議が必要であるとされています（会社法160条1項，309条2項2号）。なお，この場合には，原則として，株主は，特定の株主に自己を加えたものを株主総会の議案とすることを請求することができる（売主追加請求権，会社法160条3項）とされており，また，会社はこのような請求ができることを株主に対して通知しなければなりません（会社法160条2項）。

いずれにしても，②本小問では，株主総会決議を経ていないので，手続的に違法な自己株式の取得であることは間違いありません。

そこで，手続違反がある場合の自己株式取得の効果が問題となりますが，この点については明文の定めを欠いていますので，専ら解釈問題となります。

通説は，株式取引の安全を重視し，取引の効果は無効であるものの，譲渡人株主が善意の場合には会社は無効主張ができないとする立場に立っています（相対的無効説）。判例は，一般に無効説に立つと解されています（最判昭43.9.5）が，相対的無効説を排除する趣旨なのか否かは必ずしも明らかではありません。

相対的無効説によれば，②譲渡人株主であるAが善意である以上，Aに対して無効主張をすることができないという結論になります。

単純な無効説に立った場合には，Aが善意であるか否かにかかわらず，無効主張及び代金の返還請求ができるという結論になります。なお，細かい論点として，

法令違反を犯した会社からの不当利得返還請求は，民法708条が定める不法原因給付に当たり，認められないのではないかという問題があります。もっとも，民法708条によって返還請求ができないとすると，かえって違法状態を継続させることとなり，自己株式の取得規制の実効性が失われることになる，民法708条の「不法」とは公序良俗違反（民法90条）であるとして，同条には反しないと解する立場が一般的です。

2　後段について

後段では，④譲渡人株主であるＡの側からの無効主張の可否が問われています。

この点について，判例は，譲渡人株主の側からの無効主張を許さない立場に立つと解されています（東京高判平元.2.27（ただし，「譲渡人の正当な利益が害されるなど株式譲渡を無効として譲渡人を保護すべき特段の事情」があれば，譲渡人から株式譲渡の無効を主張することができるとしています。），最判平5.7.15）。判例を支持する学説は，譲渡人株主は，株式譲渡によって欲する結果を得たはずであることなどをその理由としています。これに対して，学説上は，違法取得した会社（取締役）が無効を主張することは多くの場合期待できないから，譲渡人株主からの無効主張も認めるべきであるとする立場も有力です。

判例の立場によれば，Ａの側からの無効主張及び株式の返還請求は認められないという結論になります。

2　小問(2)について

本小問では，⑤手続的に違法な点はないものの，⑥自己株式取得の対価として，株主Ｂに交付した金銭の帳簿価額の総額が分配可能額（会社法461条１項３号）を超えていたという事情があります。いわゆる財源規制違反です。

そこで，財源規制違反がある場合の自己株式取得の効果が問題となりますが，手続違反の場合と同様に，明文の規定を欠いていますので，やはり解釈問題となります。

この点については，立法担当者が支持する有効説と通説が支持する無効説で激しい対立があります。

議論の詳細はお手持ちのテキスト等で確認していただきたいのですが，実は有効説と無効説の立場で具体的な結論に差が生じる場面は少ない（あるいは差は生じない）とされています。有効説の利益衡量のポイントは，株主の同時履行の抗弁（民法533条）を封じる点にありますが，無効説の立場に立ったとしても，会社法462条１項が同時履行の抗弁権を排除する特別規定であると考えればよいなどとして，株主の同時履行の抗弁を封じる法律構成が主張されているからです。

判例の立場は不明ですので，いずれの見解に立ってもよいでしょう。解答例では，通説が支持する無効説を採用しています。

第1 小問(1)について
1 前段について
　法的根拠
　　↓
　株主総会決議を経るべきであるにもかかわらず，これを経ていない
　　↓
　手続違反がある場合の自己株式取得の効果
　　↓
　相対的無効説
　　↓
　あてはめ
　　↓
　甲社の請求は認められない
2 後段について
　譲渡人株主からの無効主張の可否
　　↓
　否定説
　　↓
　Ａの請求は認められない

第2 小問(2)について
1 甲社のＢに対する請求
　　↓
　会社法462条1項に基づく支払責任の追及
　　↓
2 Ｂの甲社に対する請求
　　↓
　株式返還請求（民703，704）
　　↓
　財源規制違反がある場合の自己株式の取得の効果
　　↓
　無効説
　　↓
　Ｂの請求は認められる
　→ただし，Ｂの支払義務が先履行

第1　小問(1)について　　　　　　　　　　　　　　　　　←小問(1)について
1　前段について　　　　　　　　　　　　　　　　　　　←小問(1)前段について
(1)　甲社の代金返還請求の根拠は，本件自己株式取得１が無　←法的根拠
　　効であることを前提とする，不当利得返還請求（民法703条，
　　704条）である。そこで，本件自己株式取得１が無効であ
　　るか，以下検討する。
(2)　甲社は，株主総会の特別決議を経ることなく，Ａから自　←採るべき手続
　　己株式を取得しているため，取得手続において，瑕疵があ
　　る（会社法（以下，法令名省略。）156条１項，160条１項，
　　309条２項２号）。なお，甲社は，取締役会限りで，市場取
　　引による取得をすることができる旨の定款の定めを置いて
　　いないから，取締役会決議のみで本件自己株式取得１を行
　　うことはできない（165条２項３項）。
(3)　そこで，このような瑕疵がある場合，自己株式取得にい　←手続違反がある場合の自己
　　かなる影響を及ぼすか。取得手続に違反した場合の自己株　　株式取得の効果
　　式取得の効果をいかに考えるべきか，明文の規定がなく問
　　題となる。
　　　　法が会社に厳格な自己株式取得の手続規制を課したのは，　←論証
　　剰余金の処分に関する株主の利益を守り，株主平等原則を
　　徹底する趣旨である。
　　　　したがって，原則として取得手続違反の効果は無効であ
　　ると解する。もっとも，取引の安全を図る必要があるから，

　　　　違反の事実に善意の株主には会社は無効主張ができないと
　　解すべきである。
(4)　本小問では，Ａは，甲社が株主総会決議を経ることなく　←あてはめ
　　Ａの甲社株式を取得していることについて，善意であるか
　　ら，甲社は，本件自己株式取得１の無効を主張すること
　　ができない。
　　　　したがって，甲社は，代金の返還を求めることはできな
　　い。
2　後段について　　　　　　　　　　　　　　　　　　　←小問(1)後段について
　　では，譲渡人株主であるＡの側から，本件自己株式取得１　←譲渡人株主からの無効主張
　の無効を主張して，株式の返還を求めることはできないか。　　の可否
　　　　自己株式の取得規制は，上記のように，株主の利益を保護　←論証
　　するためのものであるから，会社側からの無効主張を認めれ
　　ば足りる。また，譲渡人株主は株式譲渡によって欲する結果
　　を得たはずであるから，その後の株価上昇による投機の機会
　　を与える必要はない。
　　　　したがって，会社のみが無効主張できるものと解する。
　　　　以上より，Ａが本件自己株式取得１の無効を主張し，株式
　　の返還を求めることはできない。
第2　小問(2)について　　　　　　　　　　　　　　　　←小問(2)について
1　甲社のＢに対する請求
　　本件自己株式取得２は，株主Ｂに交付した金銭の帳簿価額　←財源規制違反の指摘

の総額が分配可能額を超えているため，461条1項3号に違反する。

　したがって，甲社は，Bに対して，462条1項に基づいて，交付した金銭の帳簿価額に相当する額を支払うよう求めることができる。なお，このことは，Bが財源規制違反の事実について善意であっても同様である。

2　Bの甲社に対する請求

　Bとしては，財源規制違反の本件自己株式取得2は無効であるとして，不当利得に基づいて，売り渡した株式の返還を求めることが考えられる（民法703条，704条）。

　この点について，461条1項の文言（「効力を生ずる日」）や，会社が自己株式を処分してしまった場合に株主からの同時履行の抗弁権により株主に対する会社財産の返還請求ができなくなる（民法533条類推適用）ことを理由に，有効と解する見解がある。

　しかし，462条1項は同時履行の抗弁権を排除する特別規定と解すべきであり，このように解すれば少なくとも会社財産の返還の先履行を求め得る。また，法の文言は有効説をとる決定的な理由にはならない。

　そもそも，財源規制違反の自己株式取得を決定した株主総会決議は，決議内容の法令違反に当たり，無効である（830条2項)。そうだとすれば，それに基づいて行われた自己株

式の取得も無効と解するのが素直である。

　したがって，財源規制違反がある場合には，自己株式取得は無効となるから，Bの請求は認められる。

　ただし，上記のように，Bの支払義務が先履行となるから，Bは，同義務を果たした後に，株式の返還を求め得るにとどまる。

以　上

←財源規制違反がある場合の自己株式の取得の効果

■論証
他に論ずべき点がないので，反対説まで論じました

(1) 甲社は，甲社の大株主であるAから，Aの保有する甲社株式の一部を買い受けるよう，要請を受けていた。そこで，甲社は，A保有の株式１０００株を市場価格で買い受ける旨の取締役会決議をし，代金をAに交付した（以下「本件自己株式取得１」という。）。なお，甲社は，この件について株主総会決議を経ていなかったが，Aはそのことを認識していなかった。

甲社は，本件自己株式取得１の無効を主張して，代金の返還を求めることができるか。また，Aが本件自己株式取得１の無効を主張して，株式の返還を求めることはできるか。

(2) 甲社は，甲社株式の価格を維持するために，発行済みの甲社株式を株主との合意により取得することとした。そこで，甲社は，会社法所定の手続に則り，株主であるBから自己株式を取得したが，株主Bに交付した金銭の帳簿価額の総額が分配可能額を超えていた（以下「本件自己株式取得２」という。）。

甲社とBとの間の法律関係について論じなさい。

第1. 小問 (1)

1. 前段

309Ⅱ⑤. 156Ⅰ違反. 無効？

＜この点＞手続規制の趣旨，平等原則 (109Ⅰ)

＜↓＞原則無効

＜もっとも＞取引安全，相手方善意の場合，例外

＜本件＞×

2. 後段

相手方からの無効主張の可否.

＜この点＞相手方を保護のためじゃない，必要性もない

＜↓＞×.

＜本件＞×

第2. 小問 (2)

461Ⅰ⑤. 156Ⅰ違反.

＜この点＞「効力を生ずる日」(461Ⅰ柱).
「第461条1項各号に掲げる行為 … がその効力を生じた日」(463Ⅰ)
→ 有効とも.

＜しかし＞趣旨，剰余金分配 (453以下)

＜また＞株式無効原因 (830Ⅱ)

＜↓＞無効

＜本件＞Q

第1. 小問(1)

1. 前段

(1) 本件自己株式取得には、本来必要な甲社における株主総会特別決議（会社法（以下法令名省略）309条2項2号、156条1項）を経ていない、という手続規制違反があるといえる。そこで、甲社は、自己株式取得上の無効を、相手方であるAに主張し、代金の返還請求（民法703条、704条参照）ができないか、手続規制違反の自己株式取得の効力が問題となる。

(2) この点、自己株式取得に手続規制が設けられた趣旨は、特定の株主にのみ投下資本回収の機会を与えることを防ぎ、株主平等原則（109条1項参照）を確保する点にある。

かかる趣旨に鑑み、手続規制違反の自己株式取得は、原則として無効と解する。

もっとも、手続規制違反は、外部からはわかりにくく、取引の安全を図る必要もあることから、相手方が、これについて善意である場合には、会社は、例外的に、無効主張できないと解する。

(3) 本件につき見るに、Aは、本件自己株式取得について、株主総会決議を経ていないことを認識していなかったというのだから、手続規制違反について、善意といえる。

したがって、甲社は、Aに対し、本件自己株式取得上の無効を主張できず、これに基づき、前記代金の返還を求めることもできない。

2. 後段

(1) Aは、前記本件自己株式取得上について株主総会決議を経ていないとして無効を主張し、株式の返還を求めることができるか。自己株式取得の相手方からの手続規制違反を理由とする無効主張の可否が問題となる。

(2) この点、前記のように手続規制は株主平等原則を確保するためのものが相手方保護のためのものではない。また、相手方は、投下資本回収を果たしているいるいる以上、無効主張を認めることとの利益を図る必要もない。

よって、相手方からの無効主張は認められないと解する。

(3) 本件でも、Aは、本件自己株式取得上の無効を主張し、株式の返還を求めることはできない。

第2. 小問(2)

1. 本件自己株式取得2には、相手方株主Bへ交付した金銭の帳簿価額の総額が、分配可能額を超えているという財源規制（461条1項2号、156条1項）違反があるといえる。そこで、甲社は、本件自己株式取得2の無効を主張し、代金の返還を求める（民法703条、704条参照）ことができないか。財源規制違反の自己株式取得の効力が問題となる。

2. この点、「効力を生ずる日」（461条1項本文）、「第461条第1項各号に掲げる行為……がその効力を生じた日」（463条1項）との文言から、財源規制がかかる行為は有効とも思える。

しかし、自己株式取得に財源規制が設けられた趣旨は、会社財産維持株主の維持・確保を図り、株主に剰余金 全部

配当（453条、454条等）を確実になさしめる点にあるところ、財源規制違反の自己株式取得を有効としては、かかる趣旨を没却する。

また、財源規制違反の自己株式取得をする旨の株主総会決議（309条2項2号）は、「決議の内容が法令に違反」するものとして決議無効原因（830条2項）となると考えられる以上、同決議に基づく自己株式取得も無効になると考えるのが自然である。

したがって、財源規制違反の自己株式取得は、無効となると解する。

3. それ故、本件でも、甲社は、本件自己株式取得2の無効を主張して、Bに対し、代金の返還を求めることができる。

以上

第 **7** 問

①A株式会社（A社）は，株券発行会社であり，その②定款には，譲渡によるA社株式の取得についてA社の取締役会の承認を要する旨の定めはない。③Yは，A社株主のXからX所有の株式全てを譲り受け，株券の交付も受けた。そこで，④YはA社に株券を提示して名義書換えを求めたところ，A社は当該株券について盗難届が出されていたことを理由にこれを拒絶した。

この場合，⑤A社との関係において，ＸＹのうちいずれが株主として扱われるべきか。

その後，⑥YがZに対して基準日前に全株式を譲渡し，株券を交付したが，Zはいまだ名義書換えをしていなかった場合において，⑦A社はZに株主総会での議決権行使を認めることができるか。

☐ 出題論点

☐ 問題処理のポイント

本問は，株式の分野から株式譲渡を巡る問題，特に，株主名簿の名義書換えについての理解を問う問題です。

株主名簿の名義書換えについては，まずは条文の規律を押さえること，制度趣旨を理解することが重要です。その上で，条文や制度趣旨との関係で，各種の論点がどのように位置づけられるのか，理解する必要があります。

本問の他には，失念株主の名義株主に対する請求が著名な事案としてありますので，確認しておいてください。

☐ 答案作成の過程

1 設問前段について

設問前段では，⑤「A社との関係において，ＸＹのうちいずれが株主として扱われるべきか」が問われています。

株主として取り扱われるためには，有効に株式を引き受けている（譲り受けて

いる）ことと，それを会社に対して対抗することができることが必要です。そして，会社に対して株式の譲渡を対抗するためには，名義書換えが必要です（株券不発行会社について会社法130条1項，株券発行会社について会社法130条2項）。

本問では，②A社には，譲渡制限の定めはなく，また，①A社は株券発行会社であるものの，③株券も交付されているので，株式の譲渡の有効性が疑われるような事情はありません。しかし，④A社はYからの名義書換請求を拒否していますので，名義書換えの手続が済んでいません。

そのため，原則としては，A社はYを株主として取り扱うことができません。

しかし，④A社の名義書換請求の拒絶理由は，「当該株券について盗難届が出されていたこと」です。これに理由がなければ，名義書換えを不当に拒絶したことになります。

名義書換えの不当拒絶について判例は，「正当の事由なくして株式の名義書換請求を拒絶した会社は，その書換のないことを理由としてその譲渡を否認し得ないのであり……，従って，このような場合には，会社は株式譲受人を株主として取り扱うことを要し，株主名簿上に株主として記載されている譲渡人を株主として取り扱うことを得ない。そして，この理は会社が過失により株式譲受人から名義書換請求があったのにかかわらず，その書換をしなかったときにおいても，同様であると解すべきである。」（最判昭41.7.28【会社法百選13】）と述べています。

この判例の考え方によれば，故意による場合であれ，過失による場合であれ，会社が名義書換えを不当に拒絶した場合には，名義書換えをしなくとも，会社に対して株式譲渡を対抗することができるということになります（いわば，名義書換えがあったものと擬制するということです。）。

では，上記の理由が判例のいう「正当の事由」に当たるのでしょうか。

この点について通説は，株券を所持している者については，適法な所持人として推定されるのであるから（会社法131条1項），盗難届が出されているだけでは足りず，株券喪失登録（会社法221条以下）がなされているなどの事情がなければ，会社は，名義書換えを拒絶できないと解しています。通説によれば，「正当の事由」には当たらず，A社は不当拒絶を行っていることになります。

したがって，A社はYを株主として取り扱わなければなりません。

2 設問後段について

1 原則論

設問後段では，⑦「A社はZに株主総会での議決権行使を認めることができるか」が問われています。

⑥Zについては，名義書換えが不当に拒絶されたといった事情はなく，単にZが名義書換えを失念していただけのようです。そうすると，原則どおり，Zは，A社に対して株式の譲渡を対抗することができません。

2　会社側からの権利行使承認の可否

　問題は，⑦A社の側から，Zを株主として認めることができるか否かです。

　この点に関して，判例は肯定的に解しています（最判昭30.10.20）。判例を支持する学説は，会社法130条1項は，「株式会社……に対抗することができない」と定めているだけであり，会社の側から権利行使を認めることまで排除する趣旨ではないこと，株主名簿の名義書換えの趣旨は，主に，株主の集団的・画一的な取扱いを会社に認める点にあり，会社保護のための規定であるから，会社の側からその利益を放棄することは自由であること，などをその理由としています。

　ただし，学説上は，会社に対して，このような取扱いを自由に認めてしまうと，恣意的な運用がなされ，株主平等原則（会社法109条1項）に反するおそれがあることが指摘されています。

　判例の立場に立てば，A社はZに株主総会での議決権行使を認めることができることになります。

　なお，本問では，⑥基準日前に譲渡が行われていますが，基準日後に譲渡が行われた場合はどうでしょうか。この場合は，会社法124条が適用されることになります。

　会社法124条1項は，「株式会社は，一定の日（以下この章において「基準日」という。）を定めて，基準日において株主名簿に記載され，又は記録されている株主（以下この条において「基準日株主」という。）をその権利を行使することができる者と定めることができる。」と定めています。

　したがって，基準日株主のみが権利を行使することができることになります。

　この点について，会社法124条4項は，その本文において「基準日株主が行使することができる権利が株主総会又は種類株主総会における議決権である場合には，株式会社は，当該基準日後に株式を取得した者の全部又は一部を当該権利を行使することができる者と定めることができる」と定めているので，会社の側から権利行使を認めることができるようにも思われます。しかし，同項はそのただし書において，「当該株式の基準日株主の権利を害することができない。」と定めていることから，やはりそのような取扱いを認めることはできません。同項は，例えば，基準日後に新株発行が行われた場合など，権利行使を認めても，基準日株主の権利を害さないような場合に適用されると解されています。

第1　設問前段について
　1　譲渡は有効だが，名義書換えが行われていない
　　　→会社法130条1項により，株式の譲渡を対抗することができない
　　　　　　↓
　2　不当拒絶に当たる場合は，名義書換え不要
　　　　　　↓
　3　あてはめ
　　　　　　↓
　4　Yを株主として取り扱うべき

第2　設問後段について
　1　名義書換えが行われていない
　　　→会社法130条1項により，株式の譲渡を対抗することができない
　　　　　　↓
　2　会社側から承認できないか
　　　　　　↓
　　　肯定説
　　　　　　↓
　3　あてはめ

第1　設問前段について

1　本件で，Yは，XからX所有の株式を譲り受け，株券の交付を受けているものの，名義書換えを拒絶されており，株主名簿に記載されていない。

　　名義書換えを行わなければ，会社に対して株主たる地位を主張することができない（会社法（以下，法令名省略。）130条1項2項）。そのため，YはA社に対して株主たる地位を主張できないのが原則である。

2　しかし，本件では，後述のようにA社の名義書換えの拒絶が不当拒絶に当たる可能性がある。では，会社が不当に名義書換えを拒絶する場合も同様に株主たる地位を主張することができないのか。

　　名義書換えの趣旨は，株主名簿による株主の集団的・画一的取扱いを可能にする点にあり，会社保護のための規定である。そうすると，名義書換えを不当に拒絶した会社は信義則に反し，保護に値しないということができる。

　　したがって，名義書換えを不当に拒絶された実質上の株主は，名義書換えなくして会社に対して株主であることを主張し得ると解すべきである。

3　では，本件におけるA社の名義書換えの拒絶は不当拒絶に当たるか。

　　ここで，A社は株券発行会社であるところ，Yは株券の占

←設問前段について
←原則の指摘

←不当拒絶

←論証

←あてはめ

有により適法な所持人として推定される（131条1項）。そして，株券の占有者は名義書換請求に際し，株券を提示すればよい（133条2項，会社法施行規則22条2項1号）。

　　したがって，A社が名義書換えを拒絶するにはYの無権利を証明しなければならない。

　　本件で，A社はYが所持する株券について盗難届が出されていることを理由に名義書換えを拒絶しているが，Yが善意取得（131条2項）している可能性が否定できない以上，このことのみでA社がYの無権利を証明したことにはならない。

　　したがって，A社の名義書換えの拒絶は不当拒絶に当たる。

4　以上より，本件ではYは名義書換えをすることなく，A社に対して株主であることを主張し得るので，Yが株主として扱われるべきである。

第2　設問後段について

1　本件で，Zは名義書換えをしていないから，Zは株式の譲渡を対抗することはできず，A社はZに議決権を行使させる必要はない。

2　では，A社が基準日前に株式を取得したZに議決権を行使させることはできるか。

　　名義書換えの趣旨は，株主名簿による株主の集団的・画一的取扱いを可能にする点にあり，会社保護のための規定である。そうだとすれば，会社がかかる利益を放棄するのは自由

←設問後段について
←原則の指摘

┌会社側から失念株主に権利
└行使を認めることができるか

←論証

である。また，条文上も「対抗することができない」（130条
1項）とされており，会社の方から権利行使を認めることを
禁止しているとは解されない。

　　したがって，会社が自己の危険において，権利行使を認め
ることは可能であると解する。

　　ただし，会社は株主平等原則（109条1項）に配慮しなけ
ればならない。

3　したがって，A社は株主平等原則に違反しない限りにおい
　て，Zに議決権の行使をさせることができる。

以　上

←判例の立場に一定の留保を
付けました

A株式会社（A社）は，株券発行会社であり，その定款には，譲渡によるA社株式の取得についてA社の取締役会の承認を要する旨の定めはない。Yは，A社株主のXからX所有の株式全てを譲り受け，株券の交付も受けた。そこで，YはA社に株券を提示して名義書換を求めたところ，A社は当該株券について盗難届が出されていたことを理由にこれを拒絶した。

この場合，A社との関係において，XYのうちいずれが株主として扱われるべきか。

その後，YがZに対して基準日前に全株式を譲渡し，株券を交付したが，Zはいまだ名義書換をしていなかった場合において，A社はZに株主総会での議決権行使を認めることができるか。

Ⅱ 会社法 ▼ 第7問

第1. 設問前段
1.
2. X → Y（株譲） 名義書換え

    Yは対抗できない（130Ⅰ）。Xが株主として扱われるべきとも。

3. <かつ> 株券呈示。不当拒絶にあたり。

    Yはなお，A社に対し，株主たること主張できる？

    <この点> 130Ⅰ趣旨，＋ 信義則。（民2Ⅱ）

    不当拒絶の場合，株主たること主張ok。

    <そうだとしても> 不当拒絶？

        占有者，＋ 善意取得の可能性
        （13★Ⅱ）　　（131Ⅱ）

    <ぶ> あたる

    <したがって> Yが株主

第2. 後段
1.   名義書換えの株主の権利行使ok？

2.   130Ⅰの趣旨 ＋ 「対抗することができない」の文言

3.   ok.

63

第1. 設問前段.

1. A社との関係において、XYのいずれが株主として扱われるべきか。

2. 本件で、Yは、A社株主のXからX所有の株式全てを譲り受けているが、A社に名義書換を拒絶されているため、株主であることをA社に対抗できないのが原則である（会社法（以下法令名省略）130条1項）。

そうだとすれば、A社との関係においては、Xが株主として扱われるべきとも思える。

3(1) しかし、A社は株券発行会社であるところ、YはA社に株券を提示して名義書換を求めたが、A社は、当該株券について盗難届が出されていたことを理由にこれを拒絶したというのだから、かかる名義書換拒絶は不当拒絶にあたり、Yはなお、株主たることをA社に拒否できることをA社に主張できるのではないか。

(2) この点、名義書換制度（130条）の趣旨は、株主名簿による株主の集団的・画一的取扱いを可能にし、会社の事務処理上の便宜を図る点にある。

そうだとすれば、会社が名義書換を不当に拒絶した場合には、信義則（民法1条2項参照）上、会社に便宜・便宜を害れ会社の便宜を図るべきとは言えず、名義書換未了の株主・株主不当拒絶をうけた名義書換未了の株主は、株主であることを会社に対し主張できると解する。

(3) そうだとして、A社がYの名義書換を拒絶したことが不当拒絶にあたるか。

本件へては、Xから株式を譲り受けた際に株券の交付も受けており、「株券の占有者」、といえるから、権利者と推定される（131条1項）。又、A社の言うように当該株券につき盗難届が出されていたとしても、その後に譲り受けるまでに善意取得（131条2項）が成立している可能性もある。

そうだとすれば、A社がYの無権利を基礎づける理由を提示せず、盗難届が出されていたことのみを理由に名義書換を拒絶したことは、不当拒絶にあたる。

したがって、本件では、XはYはなおA社に対し、株主であることを主張できる。

(4) それ故、A社との関係においては、Yが株主として扱われるべきである。

第2. 設問後段.

1. A社はZに株主総会での議決権行使を認めることができるか。Zは前記のYから基準日前に全株式の譲渡をうけたが名義書換をしていなかったところ、A社の側から、かかる名義書換未了の株主であるZの議決権行使を認めることができるかが問題となる。

2. この点、名義書換制度の趣旨は、前述のように会社の事務

64

処理上の便宜を図る点にあり、会社の側が分かる便宜を放棄に名簿書換未了の株主の権利行使を認めるというなら、これを否定する理由はない。130条1項が「株式会社に…に対抗することができない」との文言になっている点も、●会社の側から、●前記のような株主の権利行使を認めることを許容する趣旨といえる。

　そこで、会社が、名簿書換未了の株主の権利行使を認めることは許されると解する。

3　したがって、本件でも、A社は、Zに株主総会での議決権行使を認めることができる。

　　　　　　　　　　　　　　　　　　以上.

以下の(1)(2)に答えなさい。なお，各問は独立しているものとする。

(1) 甲社は，Aが創業した株式会社（取締役会設置会社ではないものとする。）であり，その株式は，①代表取締役でもあるAが80%，同じく代表取締役であるBが10%，②Aの弟であるXが10%を保有している。なお，③甲社には，株主総会における定足数に関する特別の規定はない。

④Aは，平成26年11月10日，死亡し，Aの妻であるC及びXが相続したが，遺産分割協議はなされていない。

⑤Cは，Xと協議をすることなく，生前Aが保有していた株式（以下「本件株式」という。）の権利行使者であると，甲社に通知した。

⑥Bは，平成26年12月1日，B，C及びXに対して招集通知を発した上で，甲社の株主総会を開催したところ，B及びCが出席し，全員一致で，Cを取締役に選任した上で，代表取締役とする株主総会決議をした（以下「本件株主総会」，「本件株主総会決議」という。）。なお，⑦この株主総会において，本件株式については，議長を務めたBがCに対して議決権を行使することを認めていた。

これに不服のある⑧Xは，平成27年1月15日，甲社を被告として，本件株主総会決議の取消しを求める訴えを提起した。

⑨Xの訴えが認められるかについて，⑩甲社の反論を想定しつつ，論じなさい。なお，訴訟要件については論じる必要がない。

(2) Dは，公開会社であって，株券不発行会社である乙株式会社（以下「乙社」という。）が新株発行をする予定であることを知り，これを引き受けようと考えたが⑪税金対策からEの名義で引き受けることとし，平成25年10月1日，Eの承諾を得て，自己の出捐で，乙社の株を1000株引き受けた（以下「本件株式」という。）。なお，⑫乙社の発行済株式総数は，新株発行分を含めて10万株である。

⑬乙社の代表者は，上記事情をDから聞いていたが，担当者に伝えるのを失念したため，平成26年6月，⑭DではなくEに株主総会の招集通知を発し，同年6月15日，定時株主総会を開催した。Eは，この通知を受けたが，Dに知らせるのを煩わしく感じたため，伝えなかった。すると，⑮定時株主総会では，8万株に相当する株主が出席しており，乙社の取締役選任に関する議題は，合計7万株の賛成によって，決議された（以下「本件株主総会決議」という。）。

同年7月23日，⑯乙社の株主であるFは，本件株主総会決議取消しの訴えを提起した。⑰Fの訴えが認められるかについて，論じなさい。

■ 問題処理のポイント

1　本問は，株式と機関の分野から，主に株式の共有と株主総会決議取消しの訴え
についての理解を問う問題です。論点そのものが理論的に難しいこともあり，本
書掲載の問題の中ではかなりの難問の部類に属します。

2　株式の共有については，解説中にも記載しましたが，最判平27.2.19という重
要判例が出ています。議論の流れが複雑な論点ですので，本問で登場する判例も
含め，関連判例を確認しておいてください（他に，訴訟提起における権利行使者
の指定及び通知に関する最判平2.12.4【会社法百選9】，最判平3.2.19がありま
す。）。

3　株主総会決議取消しの訴えは，司法試験をはじめとする各種試験で頻出です。
訴訟要件,本案勝訴要件を1つ1つ丁寧に検討することが第1ですが,例えば,「招
集の手続又は決議の方法」の「法令」違反について代表的にどのようなものが問
題となるのか，事前に整理しておくと事案を分析する手がかりになります。自分
なりの違法事由リストを作っておくと便利でしょう。

■ 答案作成の過程

1　**小問⑴について**

1　論述の方向性

本小問では，⑧Xは，本件株主総会決議の取消しを求める訴えを提起しており，
⑨Xの訴えが認められるかが問われていますので，その訴訟要件（会社法831条
1項柱書）と本案勝訴要件（同項各号）について検討していくことになります。
また，⑩「甲社の反論を想定しつつ」論じることが求められていますので，要件
検討に当たっては，この点を考慮する必要があります。

2　訴訟要件

②Xは，本件株式を除いても，単独で10％の株式を保有しているため，「株主」
（会社法831条1項柱書）に当たります。また，⑥⑧本件株主総会決議がなされて
から「3箇月」以内に訴えを提起していますので，訴訟要件は満たします。

この点については，甲社の側も特に反論すべき点は見当たらないでしょう。

3　本案勝訴要件

⑴　Xの主張

Xとしては，⑤Cが，Xと協議をすることなく，本件株式の権利行使者であ

ると，甲社に通知し，議決権を行使した点が問題だと考えるでしょう。

これを法的に構成すると，本件株式についてXと協議をすることなく，Cが権利行使者とする通知をしたことは会社法106条本文に反し，違法・無効であるから，Cが行使した部分は無効である。①本件株式は議決権全体の80%を占めるため，それが違法・無効であるということになると，本件株主総会は，定足数要件を欠く（会社法309条1項，③甲社には，定足数要件を排除するような定款の定めはありません。）。したがって，「決議の方法が法令」（会社法831条1項1号）に「違反」するというものになるでしょう（無効な議決権をカウントした点が違法であるという考え方もあり得るでしょう。）。

(2) 甲社の反論

これに対して，甲社は次のように反論すると考えられます。

(a)Cは，④Aの配偶者であるから，本件株式について，75%の持分を有するところ（民法900条3号），過半数の持分を有するのだから，単独で権利行使者を指定及び通知することができる（会社法106条本文）。(b)仮に，Cによる権利行使者の指定及び通知が無効だとしても，⑦本件株主総会の議長を務めたBがCに対して権利行使を認めたのだから，Cの権利行使は有効である（会社法106条ただし書）。

(3) 反論(a)について

まず，前提として，株式が相続された場合，可分債権として当然分割されるのではなく，相続人の準共有となると解するのが判例です（最判昭45.1.22等）。

そこで，会社法106条本文の適用が問題となります。同条本文は，「株式が二以上の者の共有に属するときは，共有者は，当該株式についての権利を行使する者一人を定め，株式会社に対し，その者の氏名又は名称を通知しなければ，当該株式についての権利を行使することができない。」と定めています。問題は，この権利行使者の指定及び通知をいかなる要件で認めるのかということです。

この点について判例は，「持分の準共有者間において権利行使者を定めるに当たっては，持分の価格に従いその過半数をもってこれを決することができるものと解するのが相当である。けだし，準共有者の全員が一致しなければ権利行使者を指定することができないとすると，準共有者のうちの一人でも反対すれば全員の社員権の行使が不可能となるのみならず，会社の運営にも支障を来すおそれがあり，会社の事務処理の便宜を考慮して設けられた右規定の趣旨にも反する結果となるからである。」と述べ，過半数説に立つことを明らかにしました（最判平9.1.28【会社法百選10】）。

この判例の立場によると，④上記のようにCは本件株式について75%の株式を有していますので，Cによる権利行使者の指定及び通知は適法であるとも考えられます。

しかし，過半数説に立ったとしても，権利行使者は共有全株式についての権

利を行使する以上，共有株主全員が参加して権利行使者を定めるべきであり，たとえ共有株式の持分価格の過半数を有するとしても一部の共有者のみで権利行使者を定めることはできないと解すべきでしょう（大阪地判平9.4.30，大阪高判平20.11.28参照）。

したがって，Cによる権利行使者の指定及び通知は，違法・無効です。

よって，反論(a)は認められません。

(4)　反論(b)について

もっとも，会社法106条ただし書は，「ただし，株式会社が当該権利を行使することに同意した場合は，この限りでない。」と定めています。

この規定を単純に適用すると，⑦甲社の側からCに対して権利行使を認めている以上，指定及び通知がなくともCによる権利行使は認められるかに思われます。

しかし，話はそう単純ではありません。

会社法制定前，現在の会社法106条に相当する旧商法203条2項は「株式ガ数人ノ共有ニ属スルトキハ共有者ハ株主ノ権利ヲ行使スベキ者一人ヲ定ムルコトヲ要ス」と定めていました（なお，同項には，会社に対する通知を要する旨の文言はなかったものの，会社に対して通知を要することは当然のことと解されていました。）。そして，旧商法203条2項による指定及び会社に対する通知を欠く株式の共有者につき会社の側から議決権の行使を認めることの可否について，最高裁判例は，会社の側から共有株式についての権利行使を認めることができるのは，共有者全員が議決権を共同して行使する場合に限られるとしていました（最判平11.12.14，以下「平成11年判決」といいます。）。

会社法制定時，旧商法203条2項を引き継ぐ内容の会社法106条が定められたのですが，同条には，旧商法203条2項には存在しなかった，「ただし，株式会社が当該権利を行使することに同意した場合は，この限りでない。」とのただし書が設けられました。

そこで，平成11年判決と会社法106条ただし書の関係について学説上議論がありました。学説は多岐にわたりますが，大別すると，会社法106条ただし書によって平成11年判決は否定されたと解する立場と，現在でも平成11年判決は踏襲されており，条文上明らかではないものの，会社側が権利行使を認めるのは全員が共同して行う場合に限られると解する立場があります。

そのような中で，近時この問題に関する最高裁判例が登場しました（最判平27.2.19）。

同判決は，次のように述べ，権利行使が民法の共有に関する規定に従ったものであることを要すること，共有に属する株式についての議決権の行使は，特段の事情のない限り，株式の管理に関する行為として，民法252条本文により，各共有者の持分の価格に従い，その過半数で決せられることを明らかにしまし

た。

　「会社法106条本文は、『株式が二以上の者の共有に属するときは、共有者は、当該株式についての権利を行使する者一人を定め、株式会社に対し、その者の氏名又は名称を通知しなければ、当該株式についての権利を行使することができない。』と規定しているところ、これは、共有に属する株式の権利の行使の方法について、民法の共有に関する規定に対する『特別の定め』（同法264条ただし書）を設けたものと解される。その上で、会社法106条ただし書は、『ただし、株式会社が当該権利を行使することに同意した場合は、この限りでない。』と規定しているのであって、これは、その文言に照らすと、株式会社が当該同意をした場合には、共有に属する株式についての権利の行使の方法に関する特別の定めである同条本文の規定の適用が排除されることを定めたものと解される。そうすると、共有に属する株式について会社法106条本文の規定に基づく指定及び通知を欠いたまま当該株式についての権利が行使された場合において、当該権利の行使が民法の共有に関する規定に従ったものでないときは、株式会社が同条ただし書の同意をしても、当該権利の行使は、適法となるものではないと解するのが相当である。

　そして、共有に属する株式についての議決権の行使は、当該議決権の行使をもって直ちに株式を処分し、又は株式の内容を変更することになるなど特段の事情のない限り、株式の管理に関する行為として、民法252条本文により、各共有者の持分の価格に従い、その過半数で決せられるものと解するのが相当である。」

　この平成27年判決によれば、持分の過半数を有するＣによる権利行使は、甲社が認めた場合には適法・有効ということになります。

　したがって、反論(b)は認められます。

4　結論

以上から、Ｘの訴えは認められません。

2　小問(2)について

1　論述の方向性

本小問でも、⑰Ｆの提起した本件株主総会決議取消しの訴えが認められるかについて問われていますので、前小問と同様、訴訟要件と本案勝訴要件を検討することになります。

2　訴訟要件

本件株主総会決議がなされてから「3箇月」以内に訴えを提起していますので、この点は問題がありません。また、⑯Ｆは「株主」なので、この点も問題はなく、訴訟要件はすべて満たすようにも思われます。

もっとも、⑯Ｆが本件株主総会決議取消しの訴えにおける取消原因として主張

するのは，⑭DではなくEに対して，株主総会の招集通知がなされたことでしょう。このように，他の株主に対する招集手続に瑕疵があった場合，株主総会決議取消しの訴えを提起することはできるのでしょうか。

　この点に関して，判例は，「株主は自己に対する株主総会招集手続に瑕疵がなくとも，他の株主に対する招集手続に瑕疵のある場合には，決議取消の訴を提起し得るのである」と述べ，肯定説に立っています（最判昭42.9.28【会社法百選33】）。

　ただし，この点については，「株主」に当たるかという訴訟要件レベルの問題なのか，決議取消事由として主張しうる瑕疵の範囲は自己に関する違法に限られるのかという本案レベルの問題なのか，判然としない部分があります（基本書などでは前者と位置付けられているような書きぶりのものが多いように思います。）。

3　本案勝訴要件

　Fが主張するように，Dに招集通知（会社法299条1項）を発しなかったのが違法であった場合，「招集の手続」に「法令」違反があることになります（会社法831条1項1号）。

　そこで，乙社がDに対して招集通知を発するべきだったのか，検討します。

　⑪乙社がDに招集通知を発しなかったのは，Dが税金対策からEの名義で購入することとしたことに起因します。そこで，このように他人名義で株式を引き受けた場合，株主を出捐者と見るべきなのか，名義人と見るべきなのか，検討する必要があります。

　判例は，旧法下の事案ですが，「他人の承諾を得てその名義を用い株式を引受けた場合においては，名義人すなわち名義貸与者ではなく，実質上の引受人すなわち名義借用者がその株主となる」と判示し，実質説の立場に立っています（最判昭42.11.17【会社法百選8】）。

　実質説の立場によれば，本問では，⑪出捐者であるDが株主であるということになります。

　もっとも，会社がDを株主として取り扱わなければならないかは別問題です。このような場合，通常株主名簿には出捐者に関する情報が記載されていないからです。

　そこで，実質説の立場からも，「株式の譲渡」の場合には，会社法130条で名義書換が必要になるところ，新株発行により，原始的に株式を取得した場合にも，名義書換えが必要であるとする見解があります。この見解に立った場合，会社は名義書換えがなされるまでは名義人を株主として扱っても，悪意・重過失がない限り免責されます（手形法40条3項参照，ただし会社の善意・悪意を問題としない立場もあります。）。

　ただし，本問では，この見解に立ったとしても，⑬乙社の代表者は，上記事情をDから聞いていたという事情があるので，悪意です。

　したがって，やはりDを株主として扱わなければなりません。

よって，Dに対して招集通知を発しなかった点は違法です。

4　裁量棄却

　もっとも，⑫乙社の発行済株式総数は，10万株であるのに対して，⑪Dが引き受けた株式は1000株であり，全体の１％にすぎません。また，⑮８万株に相当する株主が出席しており，乙社の取締役選任に関する議題は，合計７万株の賛成によって，決議されたことからすると，Dが招集通知を受け，株主総会において議決権を行使していたとしても，結論は変わらなかったとも考えられます。

　そこで，裁量棄却（会社法831条２項）の可能性がないか，検討する必要があります。

　裁量棄却の要件は，「株主総会等の招集の手続又は決議の方法が法令又は定款に違反する……事実が重大でなく，かつ，決議に影響を及ぼさないものである」ことです。

　本問のような招集通知漏れの事案について，判例には，発行済株式80万株中，55万株余を有する出席株主全員一致で成立した決議につき，定款に反して非株主が2000株の株式の議決権を代理行使したことと，4000株を有する株主１名に対する招集通知漏れを理由に取消しが求められた場合において，いずれの瑕疵も上記株主総会決議の結果を左右し得たとは認められないとして，取消請求が棄却された例があります（最判昭37.8.30）。

　これに対して，学説上は，わずかな議決権を有する株主への通知漏れであっても，もしその株主が適法な招集通知を受けて総会に出席したならば，決議の結果は変わったかもしれないという可能性は否定できない，決議に影響を及ぼさなかったことが明らかであっても，株主総会への参加の機会を奪ったことは重大であるとして，裁量棄却は許されないとする見解が有力です。

第1　小問(1)
1　Xの主張：Cを権利行使者とする通知は無効なので，Cが行使した部分は
　　　　　　無効
　　　　→本件株主総会決議は定足数を満たさないから，「決議の方法が法
　　　　　令」（会社831Ⅰ①）に「違反」
　　　↓
2　甲社の反論
　　　↓
3　反論(a)：Cは，75％の持分を有するため，単独で権利行使者を指定可
　　　↓
　　株式の共有
　　　↓
　　準共有説
　　　↓
　　過半数説→ただし，協議及び決定は必要
　　　↓
　　Cが行った通知は無効
　　　↓
　　反論(a)は認められない
　　　↓
4　反論(b)：Cによる指定が無効だとしても，甲社が権利行使者と認めたため，
　　有効（会社106ただし書）？
　　　↓
　　民法の共有に関する規定に従う→議決権の行使は，特段の事情がない限り，
　　民法252条が定める管理行為
　　　↓
5　Cの権利行使は有効（反論(b)は認められる），Xの請求は認められない

第2　小問(2)
1　訴訟要件
　　他の株主に対する招集通知漏れが取消事由に当たるか
　　　↓
　　肯定説
　　　↓
2　Fの主張が認められるためには，Dが株主でなければならないのが前提だ
　　が本件株式はE名義
　　　↓
　　他人名義の株式の引受け
　　　↓
　　実質説
　　　↓
3　しかし，会社法130条を類推適用すべき
　　　↓
　　あてはめ
　　　↓
4　裁量棄却もされない
　　　↓
5　Fの訴えは認められる

第1　小問(1)について

1　Xの主張としては，本件株式についてCを権利行使者とする通知は
無効であるから，Cが行使した部分は無効である。そうだとすれば，
本件株主総会決議は定足数を満たさないから，「決議の方法が法令」（会
社法（以下，法令名省略。）831条1項1号）に「違反」するというも
のが考えられる。　　　　　　　　　　　　　　　　　　　　　　　　←Xの主張

2　これに対して，甲社は，(a)Cは，本件株式について75%の持分を有
するため，単独で権利行使者を指定することができる（106条本文），
(b)仮に，権利行使者の指定が無効だとしても，甲社がCを権利行使者
と認めたため，有効である（同条ただし書）と反論するだろう。　　　←甲社の反論

3　(a)について　　　　　　　　　　　　　　　　　　　　　　　　　←106条本文の要件

　株式は自益権のみならず，議決権などの共益権を含むから，可分債
権（民法427条）とみることはできない。よって，株式は共同相続人
の準共有となる（同法898条）。

　そうだとすれば，本件株式は，Cが75%，Xが25%の持分を有する
準共有の状態である（同法900条3号）。

　そして，権利行使者の指定について，全員一致を要求すると会社運
営に支障を来すおそれがあり，会社の事務処理の便宜を考慮した106
条の趣旨を没却する。また，権利行使者の指定は共有物の管理行為に
当たる（民法252条）。　　　　　　　　　　　　　　　　　　　　　←■論証

　よって，持分の過半数をもって決すべきである。ただし，決定自体
を省略することはできないから，他の共有者との協議及び権利行使者　←協議及び決定は省略できな
　　　　　　　　　　　　　　　　　　　　　　　　　　　　　　　　い旨の指摘

の決定をすることなく，権利行使者の指定をすることはできない。

　以上より，Cが行った指定及び通知は無効であるから，反論(a)は認
められない。

4　(b)について

　本件株式の権利行使者の指定が無効だとしても，甲社がCを権利行　←106条ただし書の要件
使者として認めている以上，106条ただし書により，Cの権利行使は
有効であるといえないか。

　106条本文は，共有に属する株式の権利の行使方法について，民法　←■論証
の共有に関する規定に対する「特別の定め」（同法264条ただし書）を
設けたものである。その上で，106条ただし書は，その文言に照らすと，　←分量の関係で「特段の事情」
株式会社が当該同意をした場合には，共有に属する株式についての権　　について割愛しました
利の行使方法に関する特別の定めである同条本文の適用が排除される
ことを定めたものである。

　そうすると，共有に属する株式について106条本文の規定に基づく
指定及び通知を欠いたまま当該株式についての権利が行使された場合
において，当該権利の行使が民法の共有に関する規定に従ったもので
ないときは，株式会社が同条ただし書の同意をしても，当該権利の行
使は，適法となるものではないと解すべきである。

　そして，共有に属する株式についての議決権の行使は，当該議決権の
行使をもって直ちに株式を処分し，又は株式の内容を変更することに
なるなどの特段の事情のない限り，株式の管理行為として，民法252
条本文により，各共有者の持分の価格に従い，その過半数で決せられる。

5 本問では，Cは本件株式の持分の過半数を有しており，また，本件株主総会では，Cの取締役の選任及び代表取締役の選任が決議されているが，これらが可決されることにより直ちに本件株式が処分され，又はその内容が変更されるなどの特段の事情は認められない。

←あてはめ

したがって，Cによる権利行使は，甲社が認めた場合には適法であるから，甲社の反論(b)は認められる。

以上から，Xの請求は認められない。

第2 小問(2)について

1 Fは，「株主」であり，また，本件株主総会決議がなされてから「3箇月」以内に訴えを提起しているため，訴え提起は適法であるとも思える。しかし，他の株主Dに対する手続違反を理由として，株主総会決議取消しの訴えを提起することができるか。

←訴訟要件
他の株主に対する手続違反を理由として，株主総会決議取消しの訴えを提起することができるか

決議取消しの訴えの趣旨は個々の株主の利害を超えて，公正な決議を保持する点にある。そして，他の株主に対する招集通知漏れであろうと決議の公正を害するおそれがあることは変わりない。条文上も「株主」（831条1項柱書）と定めているだけで，特に制限を設けているわけではない。

←論証

したがって，この点は肯定的に解すべきである。

2 次に，乙社がDに対して招集通知（299条1項）を発しなかった点が，「招集の手続」の「法令」違反となるか。

←本案勝訴要件

ここで，本件株式は，Dが出捐し，E名義で引き受けられているところ，本件株式の株主となるのはいずれか検討する。

←他人名義の株式の引受け

一般私法上の法律行為と同様，真に契約の当事者として申込みをした者が，株式引受人としての地位を取得すると考えるべきであるし，実質的な法律関係に従った法的処理を行う方が妥当である。

←論証

したがって，実質上の引受人が株主になると考える。

本問では，Dは，乙社の株主となる意思を有し，自らの出捐で新株発行を受けているのであるから，Dが株主となる。

3 しかし，法は，会社が集団的・画一的処理を可能にするため，原則として，株主名簿に記載されている者を株主として取り扱えばよいとしている（130条参照）。そこで，「株式の譲渡」の場合に限らず，新株発行の場合であっても，130条を類推適用するべきである。そうすると，新株発行の場合でも株主名簿に登載されなければ，会社に対して自己が株主であることを対抗できない。もっとも，会社が悪意又は重過失である場合はこの限りでない（手形法40条3項参照）。

←論証
名義書換えの要否

本問では，乙社の代表者は，Dが株主であることについて悪意であるから，Dを株主として取り扱わなければならなかったといえる。にもかかわらず，Dに招集通知を発しなかったのであるから，299条1項に反する。

←あてはめ

4 そして，Dの議決権は全体の1％にすぎず，8万株に相当する株主が出席しており，乙社の取締役選任に関する議題は，合計7万株の賛成によって，決議されているものの，Dの議決権の行使を妨げた行為は，その違反が「重大でな」いとはいえないため，裁量棄却（831条2項）されることもない。

←裁量棄却
答案の分量の関係で，裁量棄却を否定する立場から，簡潔に論じました

5 したがって，Fの訴えは認められる。 以 上

以下の(1)(2)に答えなさい。なお，各問は独立しているものとする。

(1) 甲社は，Aが創業した株式会社（取締役会設置会社ではないものとする。）であり，その株式は，代表取締役でもあるAが８０％，同じく代表取締役であるBが１０％，Aの弟であるXが１０％を保有している。なお，甲社には，株主総会における定足数に関する特別の規定はない。

Aは，平成２６年１１月１０日，死亡し，Aの妻であるC及びXが相続したが，遺産分割協議はなされていない。

Cは，Xと協議をすることなく，生前Aが保有していた株式（以下「本件株式」という。）の権利行使者であると，甲社に通知した。

Bは，平成２６年１２月１日，B，C及びXに対して招集通知を発した上で，甲社の株主総会を開催したところ，B及びCが出席し，全員一致で，Cを取締役に選任した上で，代表取締役とする株主総会決議をした（以下「本件株主総会」，「本件株主総会決議」という。）。なお，この株主総会において，本件株式については，議長を務めたBがCに対して議決権を行使することを認めていた。

これに不服のあるXは，平成２７年１月１５日，甲社を被告として，本件株主総会決議の取消しを求める訴えを提起した。

Xの訴えが認められるかについて，甲社の反論を想定しつつ，論じなさい。なお，訴訟要件については論じる必要がない。

(2) Dは，公開会社であって，株券不発行会社である乙株式会社（以下「乙社」という。）が新株発行をする予定であることを知り，これを引き受けようと考えたが税金対策からEの名義で引き受けることとし，平成２５年１０月１日，Eの承諾を得て，自己の出捐で，乙社の株を１０００株引き受けた（以下「本件株式」という。）。なお，乙社の発行済株式総数は，新株発行分を含めて１０万株である。

乙社の代表者は，上記事情をDから聞いていたが，担当者に伝えるのを失念したため，平成２６年６月，DではなくEに株主総会の招集通知を発し，同年６月１５日，定時株主総会を開催した。Eは，この通知を受けたが，Dに知らせるのを煩わしく感じたため，伝えなかった。すると，定時株主総会では，８万株に相当する株主が出席しており，乙社の取締役選任に関する議題は，合計７万株の賛成によって，決議された（以下「本件株主総会決議」という。）。

同年７月２３日，乙社の株主であるFは，本件株主総会決議取消しの訴えを提起した。Fの訴えが認められるかについて，論じなさい。

第1. 小問(1)

1, 10%「株主」, 3月 〔831Ⅰ柱〕

2, (1) Xの主張, Cの権利行使者の指定・通知は無効

　　　　→ 定足数(309Ⅰ)欠き. 決議方法の法令違反 (831 I ①)

　(2) 甲社反論

　　　① Cの指定・通知は有効.
　　　② BがCの議決権行使を認めていた. (106但書例)

　(3) ①について.

　　　ア, C・Xの過失有

　　　イ, 管理行為(1)過半数. (但し.) 決定自体省略は×.

　　　〈本件〉 ×.

　(4) ②について.
　　　　×

3, 裁量棄却 ×. 　　4, 結論 ○

第2. 小問(2)

1, 訴訟要件.

2, Dに発いなかったこと違法 (299Ⅰ)?

　(1) 株主は出損した○.

　(2) 130Ⅰ類推. 手形40Ⅲ類推.
　　　本件. 代表者知っている.

　(3). 違法.

3, 主張権者 　Fも○

4, 831Ⅱ ×.

5, 結論 ○

第1. 小問(1)

1. Xは、甲社の株式の10%を保有する「株主」（会社法(以下法令名省略)831条1項本文)であり、かつ、本件招集規定は、本件株主総会決議のあった甲社26年12月1日から「三箇月以内」(同条項)である甲27年1月15日になされているから、出訴要件を満たす。

2.(1) 次に、Xの本案における主張は、Cが本件株式の権利行使者である旨の甲社への通知は無効であることから、B及びCが出席してなされた本件株主総会決議は、定足数(309条1項)を欠き、「決議の方法が法令……に違反」(831条1項1号)するというものであると考えられるところ、かかる主張は認められるか。

(2) Xの上記主張に対し、甲社としては、① CがXと協議することなく単独でした権利行使者の指定・通知は有効であること、② 仮に通知が無効であるにしても、本件株主総会においては、議長Bがこの議決権行使を認めていたこと、を理由に、定足数を欠くことにはならないとの反論が想定されることから、これを踏まえ検討する。

(3) ①について。

ア. 本件では、甲社の株式の80%にあたる本件株式を有していたAが死亡し、C・BとXが共同相続しているところ、株式は各権利を含む包括的権利（民法上の所有権）といえないことから、本件株式について、C・B及びXの共有に属すると考えられる（民法898条1項等）。

イ. 次に、株式の共有者間での権利行使者の指定（106条本文）の方法については、権利行使者の決定が共有物の管理行為

（民法252条1項本文）という性質を有することから、持分の過半数をもって決すべきと解する。但し、共有株は一人に、とのXの主張は、決定手続自体の省略はできないと解する。

本件についてみるに、CはAの弟であり、XはAの弟であるから、本件株式についてのCの共有持分は4分の3であり（民法900条4号、879条）、持分の過半数を有するといえる。しかし、Cは、Xと一切協議することなく、自分が権利行使者であると通知しているから、決定手続自体が省略されているといえる。よって、Cが権利行使者である旨の本件通知は無効である。

(4) ②について。

どうだとしても、本件株式については、議長Bがこの議決権行使を認めたことから、「株式会社が当該権利を行使することに同意」(106条但書)したといえ、この議決権行使は有効とならないか。

この点、議決権行使者の決定は、共有者の管理行為という性質を有することから共有者間の内部事項であり、会社が従充付にその関与を強要すべきでない。X、106条但書は、共有者全員による共同の権利行使があった場合に、会社が権利行使を認める趣旨と解される。

そうだとすれば、共有者全員の共同の権利行使がない場合に、会社が議決権行使者の指定をうけていない者の権利行使を認めることは、「同意」(106条但書)にあたらず、許されないと解する。

本件でも、C・Xの共同の権利行使がない以上、会社がこの議決権行使を認めることはできず、かかる議決権行使はなお無効でいる。

(5) 以上から、本件株主総会決議は、議決権の10%を有するにすぎない

Eのみが出席してなされたもの故、定足数（341条1項）を欠いていたといえ、「決議の方法が法令…に違反」するといえる。と同様に。

3　また、株主総会が株式会社における最高の意思決定機関であることに鑑みれば、定足数の欠缺は、「重大」な法令違反といえ、裁量棄却（831条2項）の余地もない。

4　よって、Xの招集は許されると認められる。

第2、小問(2)

1　Fは、乙社の「株主」であり、その招集は本件株主総会決議のあった平成26年6月15日から「三箇月以内」である、同年7月23日になされているから、提訴期件を満たす。

2　もっとも、Fの主張の通り、Dに招集通知を欠いていないことは違法か。

(1)　まず、本件で、Dは乙社の名簿上、本件株式を引き受けているものの、なお招集手続の相手たる「株主」（299条1項）にあたると考える。誰を株主ととらえるかは、取引実体を考慮し、理に欠缺とした者が誰かを基準に決めるべきと解するところ、本件でDは自己の出捐で引き受けているから故。

(2)　もっとも、E名義で引き受けていることから、Dは、乙社に「株主」たる地位を主張できないのではないか。

この点、株主の画一的処理、かつ会社の事務処理の便宜を図る、という130条の趣旨は、新株発行にも妥当するが。130条1項を類推し、株主各自に自ら名義で引き受人に交付しなければ株主である人たることを会社に対抗できないのが原則と考える。もっとも、名義人が他の者の為の意思を有すること につき、悪意・重過失（手的法の主要な解決の場合、真の株主は、なお「株主

たる地位を／会社に主張できると解する。

本件では、乙社の代表者は、Dが出捐したとの事情をPから聞いていたのなら、真の株主がDである ことにつき悪意であったといえ、Dは乙社に「株主」たる地位を主張できる。（299条1項に反し）

(3)　したがって、Dに招集を欠いたことは、「招集の手続…」が法令…に違反」するといえる（297条1項反）。

3、それでは、Dについての招集手続の違法を、Fが主張できるか。

この点、決議取消の訴えの手続は、Fは決議の公正を図ることを趣旨とすること、かつ831条1項本文が「株主等」と相並し行う事限度を付していないことから、他の株主についての手続の欠缺を理由に、決議取消の訴えを提起することも許されると解する。

よって、手続きも、Fは、Dについての前記違法を主張して訴えを提起できる。

4、さらに、本件株主総会には6万株に相当する株主が出席し、7万株の賛成によって、決議がなされている。但し、Dが引き受けたのは1000株にすぎないが、かかる株式についての特別決議付設（308条、309条以下）の権限が充分に与えられていることから、名石事実は、なお「重大」といえ、裁量棄却（831条2項）の余地もない。

5、以上から、Fの訴えは、認められる。

以上

　Y株式会社（以下「Y社」という。）は，電力会社であるところ，過去に原発反対派の株主に本社ビルを囲まれたり，ビルの一部を占拠されたりしたことがあった。

　Y社は，平成26年6月28日に開催予定の定時株主総会（以下「本件総会」という。）の招集通知を法定の手続により発したが，①株主Aに対して招集通知を発していなかった。

　②一方，株主Xは，招集通知を受け，本件総会に出席した。ところが，③本件総会においては，従業員株主50人があらかじめ前方に着席し，議事が始まると一斉に「異議なし」，「賛成」などの声を上げたため，Xは精神的に会社提出の議案（以下「本件議案」という。）に対する質問をしにくくなり，質問をすることができなかった。④本件議案は，出席株主の大多数の賛成により原案どおりに可決された（以下「本件決議」という。）。

　⑤Xは，平成26年7月15日，Aに対する招集通知漏れを根拠に本件決議の取消しを求める訴えを提起した（以下「本件訴え」という。）。

　Xは，本件訴え係属中，知り合いの弁護士に相談したところ，⑥従業員株主があらかじめ前方に着席し，議事が始まると「異議なし」，「賛成」などの声を上げたため，本件議案に対してXの質問がしにくくなった点についても取消事由になり得るという意見を得たため，同年10月15日にこの主張を追加した。

　⑦本件訴えは認められるか論じなさい。

□ 出題論点

・他の株主に対する招集通知漏れが取消事由に当たるか ……………………… **A**
・株主総会における議事運営の方法 ……………………………………………… **B**
・取消事由追加の可否 ……………………………………………………………… **B**

□ 問題処理のポイント

　本問は，機関の分野から，株主総会決議の瑕疵に関する理解を問う問題です。

　株主総会決議の瑕疵については**第8問**でも出題しました。本問で問題となる株主総会決議取消しの訴えだけでなく，株主総会決議不存在確認の訴え（会社法830条1項），株主総会決議無効確認の訴え（会社法830条2項）についても，要件を整理し，それぞれの訴訟類型の使い分けも併せて整理しておいてください。

1 訴訟要件

本問では，⑦「本件訴えは認められるか」が問われています。本件訴えとは，「本件決議の取消しを求める訴え」をいいますので，この訴訟要件・本案勝訴要件について検討することになります。

まず，訴訟要件から検討すると，②XはY社の株主なので，原告適格は満たされます。また，④⑤本件決議がなされてから「3箇月」以内に訴えを提起していますので，訴訟要件は満たされます。

ちなみに，⑤「Aに対する招集通知漏れを根拠に」訴えを提起していますので，第8問でも検討したように，他の株主に対する招集通知漏れを理由として，訴えを提起することができるか否かが問題となります（そして，この点について判例は肯定説に立っています（最判昭42.9.28【会社法百選33】））。これは，第8問でも解説したとおり，訴訟要件（原告適格）の問題だと捉えられているようなのですが，仮に，本問において，訴え提起の当初から下記の議事運営の方法に関する取消事由を主張していた場合，Xに原告適格がないとはいい難いでしょう。そのため，筆者には，取消事由についての主張制限の問題（本案の問題）であると整理すべきであるように思えるのですが，ここでも一般的な整理に従い，下記解答例では訴訟要件の問題として論じています。

2 本案勝訴要件

1 Xが主張し得る取消事由

(1) 招集手続違反

上記のように，Xが他の株主に対する招集通知漏れを主張し得るとすると，会社法299条（1項）違反として，「招集の手続……が法令……に違反」（会社法831条1項1号前段）する場合に当たります。

(2) 議事運営の方法

③Xとしては，「本件総会においては，従業員株主50人があらかじめ前方に着席し，議事が始まると一斉に『異議なし』，『賛成』などの声を上げたため，Xは精神的に会社提出の議案……に対する質問をしにくくなり，質問をすることができなかった」点が問題だと考えるでしょう。

そこで，このような議事運営の方法が，「決議の方法」として「著しく不公正」（会社法831条1項1号後段），又は「法令」に「違反」すると主張することが考えられます。

本問類似の事案について，判例（最判平8.11.12）は，「株式会社は，同じ株主総会に出席する株主に対しては合理的な理由のない限り，同一の取扱いをすべきである。本件において，被上告会社が……本件株主総会前の原発反対派の

動向から本件株主総会の議事進行の妨害等の事態が発生するおそれがあると考えたことについては，やむを得ない面もあったということができるが，そのおそれのあることをもって，被上告会社が従業員株主らを他の株主よりも先に会場に入場させて株主席の前方に着席させる措置を採ることの合理的な理由に当たるものと解することはできず，被上告会社の右措置は，適切なものではなかったといわざるを得ない。しかしながら，上告人……は，希望する席に座る機会を失ったとはいえ，本件株主総会において，会場の中央部付近に着席した上，現に議長からの指名を受けて動議を提出しているのであって，具体的に株主の権利の行使を妨げられたということはできず，被上告会社の本件株主総会に関する措置によって上告人……の法的利益が侵害されたということはできない。」と述べています。

　しかし，この事案は，不法行為に基づく損害賠償請求訴訟だったため，法的利益に対する違法な侵害がなければ請求は認められません。また，上記判示のとおり，質問権の行使は妨げられていなかったと認定されています。これらの点において，本問とは事案が異なりますので注意が必要です。

　本問では，上記判決が，「被上告会社の右措置は，適切なものではなかったといわざるを得ない。」と述べていること，「Xは精神的に会社提出の議案……に対する質問をしにくくなり，質問をすることができなかった」ことから，「決議の方法」として「著しく不公正」（会社法831条1項1号後段），又は「法令」に「違反」（同号前段）するとみてよいのではないでしょうか（もちろん，単に精神的に質問がしづらくなっただけであるという評価も可能ですが。）。なお，法令違反とする場合，何条違反なのかが問題となりますが，議長の議事運営に関する会社法315条か，株主平等原則を定める会社法109条1項が考えられるでしょう。

2　追加主張の可否

　もっとも，本問では，⑥上記議事運営の方法に関する取消事由を平成26年10月15日になって主張しています。本件決議が成立したのが同年6月28日ですから，すでに3か月を経過していることになります。

　しかし一方で，上記のように，本件訴え提起自体は，決議の日から3か月を経過していません。

　条文を素直に読む限り，3か月の期間制限は「出訴」期間の制限であって，「主張」期間の制限ではありません。民事訴訟法では，適時提出主義が採られており（同法156条），攻撃防御方法の提出が時機に後れたものである場合には却下される可能性があります（同法157条）が，その他に特別の主張期間の制限はありません。

　そうすると，決議の日から3か月経過していたとしても，取消事由を追加することは許されることになりそうです。

しかし，上記の出訴期間の制限が，主張期間の制限にもなるのではないかという点が議論されています。

そして，判例（最判昭51.12.24【会社法百選34】）は，「<u>株主総会決議取消しの訴えを提起した後，商法248条1項</u>（注：現会社法831条1項）<u>所定の期間経過後に新たな取消事由を追加主張することは許されない</u>と解するのが相当である。けだし，取消しを求められた決議は，たとえ瑕疵があるとしても，取り消されるまでは一応有効のものとして取り扱われ，会社の業務は右決議を基礎に執行されるのであって，その意味で，右規定は，瑕疵のある決議の効力を早期に明確にさせるためその取消しの訴えを提起することができる期間を決議の日から3カ月と制限するものであり，また，新たな取消事由の追加主張を時機に遅れない限り無制限に許すとすれば，会社は当該決議が取り消されるのか否かについて予測を立てることが困難となり，決議の執行が不安定になるといわざるを得ないのであって，そのため，瑕疵のある決議の効力を早期に明確にさせるという右規定の趣旨は没却されてしまうことを考えると，右所定の期間は，決議の瑕疵の主張を制限したものと解すべきであるからである。」（下線及び注は筆者）と述べ，この点を肯定的に解しています。

したがって，<u>上記議事運営の方法に関する取消事由の追加は認められません</u>。

3 結論

以上から，①⑤Aに対する招集通知漏れを理由として，本件訴えは認められることになります。

第1 訴訟要件
　　Aに対する招集通知漏れを理由として訴え提起をすることができるか
　　　　↓
　　肯定説

第2 本案勝訴要件
　1 Xが主張し得る事由
　　　①Aに対する招集通知漏れ，②Xが質問できなかったこと
　　　　↓
　2(1) ①について
　　　「招集の手続」の「法令」「違反」（会社831Ⅰ①前段）に当たる（会社299Ⅰ）
　　　　↓
　　(2) ②について
　　　「決議の方法」が「著しく不公正なとき」（会社831Ⅰ①後段）に当たり得るが，議長には議事運営に関する裁量権が与えられている（会社315）
　　　　↓
　　　必要性・相当性あるか
　　　　↓
　　　あてはめ
　　　　↓
　3 ②については，Xは本件決議から3か月経過後に主張を追加している
　　　　↓
　　取消事由追加の可否
　　　　↓
　　否定説

第3 結論
　　①の主張を根拠として，本件訴えは認められる

第1　訴訟要件

　　X は，Y 社の「株主」（会社法（以下，法令名省略。）831条1項柱書）であり，また，本件決議がなされてから「3箇月」以内に訴えを提起しているから，訴訟要件は満たす。

　　この点について，X ではなく A に対する招集通知漏れを理由とするところ，X はこれを主張して訴えを提起することができないとも思える。

　　しかし，決議取消しの訴えの趣旨は個々の株主の利害を超えて，公正な決議を保持する点にある。そして，他の株主に対する招集通知漏れであろうと決議の公正を害するおそれがあることは変わりない。また，仮にその株主が適法な招集通知を受けて総会に出席したならば決議の結果は変わったかもしれず，このような可能性がある以上，他の株主にも決議の効力を否認する利益がある。条文上も「株主」（同項柱書）と定めているだけで，特に制限を設けているわけではない。したがって，他の株主に対する招集通知漏れを理由として訴えを提起することも許されると解する。

第2　本案勝訴要件

1　X が主張し得る取消事由

　　X が主張し得る取消事由としては，①A に対する招集通知（299条1項）漏れ，②あらかじめ前方に着席した従業員株主の発言により X が質問できなかったことが考えられる。

2　それぞれの取消事由について

　(1)　①について

　　　A に対する招集通知漏れは299条1項に違反するから，「招集の手続……が法令……に違反」（831条1項1号前段）する場合に当たる。

　　　なお，上記のように，X がこれを主張することに問題はない。

　(2)　②について

　　ア　従業員株主50人を集めて発言させたこと（以下「本件措置」という。）は，「決議の方法が……著しく不公正」（831条1項1号後段）な場合に当たり得る。

　　　　もっとも，議長には議事運営に関する裁量権が与えられている（315条）。かかる裁量権の範囲内にあると解される場合には，「決議の方法が……著しく不公正」だと評価することはできない。

　　イ　ここで，会社は同じ株主総会に出席する株主に対しては合理的な理由がない限り同一の取扱いをすべきである（109条1項参照）。合理的な理由なく同一の取扱いをしない場合には，議長の上記裁量権を逸脱すると解すべきである。そして，かかる合理的な理由の有無については，当該措置の必要性・相当性を検討した上で判断する。

　　ウ　本問では，原発反対派の株主により本社ビルを囲まれ，

――訴訟要件

◆論証
この点は，原告適格の問題として論じました

――本案勝訴要件
――X が主張し得る取消事由

――①について

――一言触れておきました

――②について
――法令違反として検討することもできます

◆論証
┌平成8年判決と事案が異なるため，判断基準を工夫しました
――あてはめ

あるいはビルの一部を占拠されたことがあったために，議事運営が混乱するおそれがあることを理由に本件の措置が採られているが，本件措置の必要性は肯定できる。

また，Xは質問を遮られたわけではなく，単に精神的に質問をしづらくなったのみであるから，被った不利益は軽微なものであって，本件措置の相当性も認められるかに思える。

しかし，原発反対派による議事運営の混乱は，その蓋然性があるという程度にとどまるから，本件措置を採る必要性が高いとは評価し難い。一方で，X以外の株主も本件措置によって質問がしづらくなった可能性は否定できない。株主の質問権が，株主総会の適正を確保するための重要な権利である（314条）ことに鑑みれば，会社が直接的に質問権の行使を妨げることはもちろん，間接的に質問権の行使を妨げるような行為に出ることも許されないというべきである。

したがって，上記のようにXの被る不利益が小さかったとしても，本件措置は相当性を欠くというべきである。

エ　よって，本問では合理的な理由がなく，「決議の方法が……著しく不公正」といえる。

3　しかし，②については，Xは本件決議から3か月を経過した平成26年10月15日に主張を追加している。　　　　←追加主張の可否

確かに，条文上831条1項柱書前段は訴え提起そのものを制限した規定であるところ，本問では，訴え提起は，平成26年7月15日と本件決議から3か月以内になされており，この点では問題がない。

そして，攻撃防御方法の追加である取消事由の追加は時機　　←**論証**
に後れたものでない限り（民事訴訟法157条），無制限に許さ　　　原則の指摘
れる（同法156条）のが原則であるから，②の追加主張は特段問題がないようにも思える。

しかし，831条が，訴え提起期間を3か月に制限した趣旨は，　　←修正
瑕疵のある決議の効力を早期に明確にすることによってその安定を図ることにある。そして，取消事由の追加を無制限に許すと，会社はその決議が取り消されるのか否かについて予測を立てることが困難になり，法的安定性という趣旨を害する。

したがって，取消事由の追加も決議の日から3か月以内に行わなければならないと解する。

よって，②の主張は認められない。

第3　結論

以上から，①の主張を根拠として，本件訴えは認められる。

以　上

　　　　　Y株式会社（以下「Y社」という。）は，電力会社であるところ，過去に原発反対派の株
　　　主に本社ビルを囲まれたり，ビルの一部を占拠されたりしたことがあった。　　　　　　※3.
　　　　　Y社は，平成26年6月28日に開催予定の定時株主総会（以下「本件総会」という。）
　　　の招集通知を法定の手続により発したが，株主Aに対して招集通知を発していなかった。
　　　　　一方，株主Xは，招集通知を受け，本件総会に出席した。ところが，本件総会においては，
※1　従業員株主50人があらかじめ前方に着席し，議事が始まると一斉に「異議なし」，「賛成」　※2
　　　などの声を上げたため，Xは精神的に会社提出の議案（以下「本件議案」という。）に対す
　　　る質問をしにくくなり，質問をすることができなかった。本件議案は，出席株主の大多数の
　　　賛成により原案どおりに可決された（以下「本件決議」という。）。
　　　　　Xは，平成26年7月15日，Aに対する招集通知漏れを根拠に本件決議の取消しを求め
　　　る訴えを提起した（以下「本件訴え」という。）。
　　　　　Xは，本件訴え係属中，知り合いの弁護士に相談したところ，従業員株主があらかじめ前
　　　方に着席し，議事が始まると「異議なし」，「賛成」などの声を上げたため，本件議案に対し
　　　てXの質問がしにくくなった点についても取消事由になり得るという意見を得たため，同
　　　年10月15日にこの主張を追加した。
　　　　　本件訴えは認められるか論じなさい。

第1.　取消事由

　①　Aに招集通知（299Ⅰ）なし

　②　Xの質問がしにくくなった。

第2.　①について。

　1，　他の株主についての招集手続の瑕疵を主張できる？
　　　　　→　〇

　2，　831Ⅰの余地あり。

第3.　②について。

　1，（1）　~~文十本選~~　「決議の方法が……著しく不公正」（831Ⅰ①後）？

　　（2）　くらの応〉　本件議長の裁量（315Ⅰ）
　　　　　くかい〉　合理的な理由なく同一の取扱いをしない場合
　　　　　　　　　具体的には，(i)地事ζ (ii)相対性 欠く場合，　「不公正」にあたる

　　（3）　ア，※3，＋他の対応可能　→　地事性欠く．(i)

　　　　　イ，※2，説明義務（314）の不充分　→　相当性欠く (ii)

　　　　　ウ，「方法が……著しく不公正」に該当

　2，　出訴期間経過後の取消事由の追加は？
　　　　　→　×．

第4.　まとめ

第1. Xによる本件決議の取消事由として考えられるものは、①株主Aに対して招集通知(以下法令名省略)299条1項)が発せられなかったこと、及び②本件議案に対しXの質問がしにくくなったこと、の2点である。
以下、順に検討する。

第2. ①について
1(1) 株主Aに対して、招集手続が発せられなかったことは、299条1項に反し、「招集の手続…が法令…に違反」するといえる(831条1項1号)。
どうだとしても、Aについての招集手続の欠缺を理由に、Xが取消事由として主張できるか。

(2) この点、決議取消しの訴えの原告が拡げられた趣旨は、公正な決議を回復する点にあり、他の株主についての招集手続の欠缺も取消事由とすることは、かかる趣旨に合致する。また、831条1項は「株主」とのみ限定し、何ら限定を付していない。
よって、他の株主についての招集手続の欠缺を理由とする決議取消しの訴えも認められると解する。

(3) とすれば、本件でも、Aに招集通知が発せられなかったことを、Xは取消事由として主張できる。

2. もっとも、本件決議は、出席株主の大多数の賛成により原案どおり可決されていることからすれば、Aの持株比率等の事情いかんによっては、Aへの招集手続の欠缺は、「違反する事実が重大でなく、かつ、決議に影響を及ぼさない」ものとして裁量棄却(831条2項)の余地がある。

第3. ②について
1(1) そこで、Xとしては、本件議案に対して、Xの質問がしにくくなった点が「決議の方法が…著しく不公正」にあたるとして、(831条1項1号後段)取消事由として主張できないか。

(2) この点、株主総会の議事運営は、議長の裁量(315条1項)に委ねられており、特定の株主の質問が困難となったという事情にも、それは本来議長の裁量内のことといえる。
もっとも、議長が株主について、合理的な理由なく、同一の取扱いをしない場合(109条1項反)、具体的には、当該措置をすることについて株主平等原則に反する場合には、議長の裁量の逸脱ないし濫用したものとして、これに基づく「決議」については、「方法が…著しく不公正」に該当すると解する。

(3)ア 本件についてみるに、Y社は、本件総会において、従業員株主50人をあらかじめ前方に着席させ、一般株主であるXらを後方に入場させる措置を講じており、同一の取扱いをしていない。かかる措置は、電力会社であるY社において、過去に反対派の株主に手制ビルを囲まれたり、ビルの一部を占拠されたりしたという経緯に基づき、株主総会が過度に紛糾することを防止する目的に基づくと考えられるが、かかる目的を達するには、警備員の整備を図り、妨害にも対応が可能だから、前記措置をとる必要性がある、とまではいえない(以上(1))。

イ また、かかる措置に基づき、従業員株主50名は、議事が始まる

ると一斉に「異議なし」「賛成」などの声を上げた事というのだから、株主等の本件株票についての質問は、困難な雰囲気が醸成されていたと考えられ、当然萎縮する。そうだとすれば、当該株票について、取締役等の説明義務（314条）が十分に果たされたとはいえず、本件措置は、本件株票株主総会決議の公正に疑義を生じさせる相当性のあるものものて相当性を欠く（以上⑴）。

ウ　したがって、本件では、議長が株主について合理的な理由なく同一の取扱いをしない場合にあたり、決議の「方法が…著しく不公正」にあたる。

2⑴　そうだとしても、Xは、⑴の取消事由について、決議のあった平成26年6月28日から3月以上経過した同年10月15日に主張を追加している。そこで、かかる出訴期間経過後（831⑴柱書末文）経過後の取消事由の追加が認められるか。

⑵　この点、裁量却下規定自体が適法であれば、特に株主の利限ない以上、これを肯定すべきとも思える。

　　　しかし、出訴期間を設けた趣旨は、株主総会決議は、それを基礎に様々な法律関係が発生するので、法律関係の早期安定を図る必要がある点にあるところ、同期間経過後も取消事由の主張を許しては前記趣旨を没却する。そこで、同期間経過後の事由の追加は許されないと解する。

⑶　それ故、Xは、前記①取消事由の追加はできない。

第4．結語
　　以上より、Xの訴えは、Aへの招集手続の欠缺について、裁量

棄却がなされない限りにおいて認められる。
　　　　　　　　　　　　　　　　　　　以上。

　甲株式会社（以下「甲社」という。）では，取締役であるＡが退職すること
になったため，退職慰労金を支給することにした。そこで，甲社は，議題を「退
任取締役に対する退職慰労金贈呈の件」（以下「本件議題」という。）とする株
主総会（以下「本件株主総会」という。）を開催した。

　①甲社では，役員の退職慰労金に関する規程があり，具体的な算出基準が明
示されている。甲社は，これまでもこの規程に従って退職慰労金を支払ってき
たため，Ａの退職慰労金についても，この規程に従って，金額を算出する予定
であった。なお，甲社は，規程を本店に備え置き，株主からの閲覧請求があっ
た場合には，これに応じている。

　甲社の株主であるＢ株式会社（以下「Ｂ社」という。）は，甲社から本件株
主総会の招集通知を受け取ったが，②Ｂ社の代表者が出席することができな
かったため，従業員であるＣに出席させることにした。③甲社の定款では，議
決権行使の代理人資格を株主に限定する旨の規定があるが，Ｃは，甲社の株主
ではない。しかし，④甲社は，ＣをＢ社の代理人と認め，本件株主総会に出席
させた。なお，⑤ＣはＢ社の就業規則において，上司の命令に服する義務を負っ
ていた。

　⑥甲社の株主であるＤは，Ａが取締役に就任して以降，甲社の業績が悪化し
ていたこともあり，本件株主総会に出席し，議長である甲社の代表取締役Ｅに
対して，退職慰労金の額を明らかにするよう求めた。これに対して，⑦Ｅは，「算
出基準は基礎額と乗数と存位年数を乗じて計算しており，それぞれについては
役員会で決定させていただきたい。具体的な金額については，受給者のプライ
バシーの問題にも関わってまいりますので，金額の公表を差し控えさせていた
だきたい。」と回答した。Ｄはこれに納得することができなかったが，Ｅが「時
間なのでここで質問を打ち切らせていただきます。」と述べて，議案の承認を
諮ったため，これ以上，説明を求めることができなかった。

　結局，本件議題は，Ｃを含む多数の株主の賛成を得て，決議された（以下「本
件決議」という。）。

　⑧本件決議に納得のいかないＤは，本件決議の取消しを求める訴えを適法に
提起した。

　⑨Ｄの訴えが認められるかについて，論じなさい。なお，⑩退職慰労金の支
給決定を取締役会に一任することができることは，前提としてよい。

■ 出題論点

・定款による代理人の資格制限 ………………………………………………………………… **A**

・株主総会における取締役の説明義務 ………………………………………………………… **A**

■ 問題処理のポイント

　本問も，機関の分野から，株主総会決議の瑕疵に関する理解を問う問題です。

　問題処理のポイントは，第8問，第9問を参照してください。

■ 答案作成の過程

1 論述の方向性

　本問では，⑨「Dの訴えが認められるか」が問われていますが，問題文で⑧「D
は,本件決議の取消しを求める訴えを適法に提起した。」と記載されていますので，
訴訟要件については検討する必要がありません。

　取消事由として考えられるものは，(a)③甲社の定款では，議決権行使の代理人
資格を株主に限定する旨の規定があるにもかかわらず，④株主ではないCを本件
株主総会に出席させたこと，(b)⑥議長である甲社の代表取締役Eに対して，退職
慰労金の額を明らかにするよう求めたにもかかわらず，⑦Eは，算定基準の存在
のみを答え，質問を打ち切ったことが考えられます。

2 (a)について

1　問題の所在

　(a)は甲社のCの取扱いが定款に違反することを主張するものなので，「決議の
方法が……定款に違反」（会社法831条1項1号）することを取消事由とするもの
です。

　まずは，この定款規定が有効なのか検討する必要があります。会社法310条1
項は，その前段において，「株主は，代理人によってその議決権を行使すること
ができる。」と定めており，この定款規定は，同条に反するのではないかという
疑いがあるからです。

　次に，本当に定款規定に反しているのか，言い換えれば定款規定を文言どおり
に適用してよいのか（定款規定の適用範囲）を検討する必要があります。

2　定款規定の有効性

　代理人資格を株主に限定する旨の定款規定の有効性については，最判昭43.11.1
【会社法百選29】【商法百選5】があります。同判決は，「議決権を行使する代理
人の資格を制限すべき合理的な理由がある場合に，定款の規定により，相当と認
められる程度の制限を加えることまでも禁止したものとは解されず，右代理人は
株主にかぎる旨の……定款の規定は，株主総会が，株主以外の第三者によって攪

乱されることを防止し，会社の利益を保護する趣旨にでたものと認められ，合理的な理由による相当程度の制限ということができる」として，合理的な理由による相当程度の制限であれば，定款規定の有効性を肯定するという立場をとりました。

　同様に，本問でも，合理的な理由による相当程度の制限であるとして，定款規定の有効性そのものは認めてしまってよいでしょう。

3　定款規定の適用範囲

　もっとも，判例は，定款規定を文言どおりに適用しているわけではありません。本問と同様に，法人株主の従業員が代理出席をした事案において，「原審が適法に確定したところによれば，被上告会社の定款には，『株主又はその法定代理人は，他の出席株主を代理人としてその議決権を行使することができる。』旨の規定があり，被上告会社の本件株主総会において，株主である新潟県，直江津市，D通運株式会社がその職員又は従業員に議決権を代理行使させたが，これらの使用人は，地方公共団体又は会社という組織のなかの一員として上司の命令に服する義務を負い，議決権の代理行使に当たって法人である右株主の代表者の意図に反するような行動をすることはできないようになっているというのである。……株式会社が定款をもって株主総会における議決権行使の代理人の資格を当該会社の株主に限る旨定めた場合において，当該会社の株主である県，市，株式会社がその職員又は従業員を代理人として株主総会に出席させた上，議決権を行使させても，原審認定のような事実関係の下においては，右定款の規定に反しないと解するのが相当である。けだし，右のような定款の規定は，株主総会が株主以外の第三者によって攪乱されることを防止し，会社の利益を保護する趣旨に出たものであり，株主である県，市，株式会社がその職員又は従業員を代理人として株主総会に出席させた上，議決権を行使させても，特段の事情のない限り，株主総会が攪乱され会社の利益が害されるおそれはなく，かえって，右のような職員又は従業員による議決権の代理行使を認めないとすれば，株主としての意見を株主総会の決議の上に十分に反映することができず，事実上議決権行使の機会を奪うに等しく，不当な結果をもたらすからである。」と述べ，定款規定に反しないとしました（最判昭51.12.24【会社法百選34】）。

　この判例はあくまでも事例判断であるため，どこまで一般化することができるかは難しい問題ですが，一般論としていえば，「会社の利益が害されるおそれ」がないこと，「議決権の代理行使を認めないとすれば，株主としての意見を株主総会の決議の上に十分に反映することができず，事実上議決権行使の機会を奪うに等し」いことの2点が認められる場合には，定款規定の適用対象外であると考えられます。

　本問でも，⑤CはB社の就業規則において，上司の命令に服する義務を負っていたことから，Cが株主総会をかく乱し甲社の利益を害するようなおそれがある

とはいえません。また，法人株主の場合，代表取締役が自ら総会に出席して議決権を行使することは，通常の場合は考え難く，②現にB社の代表者も出席することができないので，非株主たる従業員（C）に議決権行使を認めなければ事実上議決権行使の機会を奪うに等しいといえるでしょう。

したがって，定款規定の適用対象外となります。

以上から，「決議の方法が……定款に違反」するとはいえず，上記取消事由は認められません。

3 (b)について

1　問題の所在

(b)は，Eの説明義務違反（会社法314条）を主張するものなので，「決議の方法が……法令……に違反」（会社法831条1項1号）することを取消事由とするものです。

そこで，本問におけるEの説明が，説明義務に違反したものであるのかを検討します。なお，問題文で⑩「退職慰労金の支給決定を取締役会に一任することができることは，前提としてよい。」とされていますので，この点について検討する必要はありません。

2　説明義務の範囲

会社法314条本文は，「取締役，会計参与，監査役及び執行役は，株主総会において，株主から特定の事項について説明を求められた場合には，当該事項について必要な説明をしなければならない。」と定め，取締役等の説明義務を規定していますが，その範囲については明らかにしていません。

この点については，下級審判例において，株主総会における説明義務は，株主が会議の目的たる事項を合理的に理解・判断するのに必要な範囲の説明で足り，説明義務が果たされるかの判断に当たっては，平均的な株主を基準とするなどと解されています（東京高判昭61.2.19【会社法百選32】，東京地判平19.10.31，東京地判平22.9.6など）。

本問の素材とした裁判例（奈良地判平12.3.29）は，「株主は，株主総会において，取締役・監査役の報酬金額，その最高限度額又は具体的な金額等を一義的に算出しうる支給基準を決議しなければならない以上，その金額又は支給基準の内容について具体的に説明を求めることができるのは当然であり，説明を求められた取締役は，(1)会社に現実に一定の確定された基準が存在すること，(2)その基準は株主に公開されており周知のものであるか，又は株主が容易に知りうること，(3)その内容が前記のとおり支給額を一義的に算出できるものであること等について，説明すべき義務を負うと解するのが相当である。」「前記認定事実によれば，事前に各株主に送付された本件総会の招集通知，本件総会における議長及び取締役の説明のいずれにおいても，退職慰労金の算出基準が存することはうかがえるもの

の，右基準の内容については明らかではない。すなわち，右通知は，一定の基準に従い相当額の範囲内で退職慰労金を贈呈するが，その具体的金額は取締役会又は監査役の協議に一任されたいとの内容であり，取締役の説明も，算出方法については基礎額と乗数と在位年数を乗じて計算するというだけで，結局は取締役会及び監査役の協議によって具体的金額を決定するとの説明に終始しているにすぎない。株主としては，このような説明を受けたとしても，本件議案とされた退職慰労金の具体的金額がどの程度になるのか全く想定できないばかりか，その額が一義的に算出されうるものかどうか判断し得ないといわざるを得ず，本件総会において，退職慰労金の贈呈に関して議決をするのに十分な説明がされたと認めることは困難である。」と述べ，説明義務に反すると認定しました。

本問でも，①具体的な支給基準が存在し，株主が容易に知り得る状態に置かれているものの，Eは，「算出基準は基礎額と乗数と存位年数を乗じて計算」するとしか回答していないので，素材裁判例と同様，説明義務に違反するとしてよいでしょう。

3　説明義務を負担しない場合

会社法314条ただし書は，「ただし，当該事項が株主総会の目的である事項に関しないものである場合，その説明をすることにより株主の共同の利益を著しく害する場合その他正当な理由がある場合として法務省令で定める場合は，この限りでない。」と定めており，取締役等が説明義務を負担しない場合について規定しています。「法務省令で定める場合」とは，会社法施行規則71条に定めがあり，説明のために調査を要するとき（同条1号），説明により株主の共同利益や株式会社その他の者の権利を害するとき（同条2号），質問が実質的に同一の事項について繰り返されたものであるとき（同条3号），説明をしないことに正当な理由がある場合（同条4号）が挙げられます。

本問では，Eは，⑦「受給者のプライバシーの問題」を理由として，質問を打ち切っていますので，「説明により株主の共同利益や株式会社その他の者の権利を害するとき」に当たる可能性がないわけではありません。

しかし，支給基準が示されていることである程度の公開が予定されている事項であること，必ずしも具体的な金額を説明する必要はないことからすれば，これに当たると考えることは困難でしょう。

したがって，本問では，説明義務を負担しない場合には当たりません。

4　裁量棄却（会社法831条2項）

本問では，決議方法に法令違反が認められる事案ですので，「事実が重大でなく，かつ，決議に影響を及ぼさないものである」場合には，裁量棄却の可能性があります。

この点について，素材裁判例は簡単に裁量棄却を否定していますが，素材裁判

例の事案では，算出基準の存在とそれが一義的であることについての一応の説明があるため，瑕疵の重大さはなく，裁量棄却を検討する余地はあったとする指摘があります。

　結論はいずれでもかまいませんが，本問でも，裁量棄却の可能性については検討しておいた方がよいでしょう。

第1 Cに議決権の代理行使を認めた点について
　1　決議方法の定款違反
　　　↓
　2　定款規定の有効性
　　　↓
　　　合理的理由に基づく相当程度の制限であれば可
　　　↓
　　　定款規定の適用範囲
　　　↓
　　　会社の利益が害されるおそれがないこと，議決権の代理行使を認めないとすれば，事実上議決権行使の機会を奪うに等しいこと
　　　↓
　3　あてはめ
　　　↓
　4　決議方法の定款違反なし

第2 EがDに対して，退職慰労金の金額について説明しなかった点について
　1　決議方法の法令違反
　　　↓
　2　説明義務の範囲
　　　↓
　　　株主が議題を合理的に判断するのに客観的に必要な範囲
　　　→基準となる株主は平均的な株主
　　　↓
　3　あてはめ
　　　↓
　4　説明を拒否できる場合には当たらない
　　　↓
　5　決議方法の法令違反あり

第3 裁量棄却（会社831Ⅱ）の可能性について
　1　裁量棄却の要件満たさない
　　　↓
　2　Dの訴えは認められる

第1　Cに議決権の代理行使を認めた点について　　　　　←議決権の代理行使について

1　まず，甲社の定款では，議決権行使の代理人は，甲社株主
　に限定されているところ，甲社株主ではないCが株主B社の
　代理人として議決権を行使している。そこで，この点が，「決　←条文の指摘
　議の方法が……定款に違反」（会社法（以下，法令名省略。）
　831条1項1号）しているのではないかという点を検討する
　必要がある。

2　もっとも，そもそもこのような定款が有効なのか，すなわ　←定款規定の有効性
　ち，310条に違反し無効なのではないかという点が問題となる。
　　この点について，同条はこうした規定を許容するかどうか　←論証
　を明らかにしていないが，このような定めは我が国多年の慣
　行であるし，これによって総会屋などの第三者が総会をかく
　乱するという弊害を回避することができるというメリットを
　無視することはできない。
　　そこで，こうした定款規定も合理的理由に基づく相当程度　←定款規定の適用範囲
　の制限として一般的には有効としつつ，個別の場合において，
　議決権の代理行使を認めても会社利益が害される危険性が低
　く，反対に株主以外の者による議決権の代理行使を認めなけ
　れば事実上株主の議決権行使の機会が奪われてしまう場合に
　は，定款規定の適用が排除され，株主以外の者による議決権
　の代理行使が認められると解する。

3　Cは，B社の従業員であり，就業規則において，上司の命　←あてはめ

令に服する義務を負い，議決権の代理行使に当たってB社の
代表者の意図に反するような行動をすることはできないので
あるから，株主総会がかく乱され会社の利益が害されるおそ
れはない。
　また，B社の代表者が出席することができなかったのだか
ら，非株主たる従業員による代理を認めなければ，株主の議
決権行使の機会が奪われてしまう。
　以上より，本問では，定款規定の適用が排除され，代理行
使が認められる。

4　したがって，この点について，「決議の方法が……定款に
　違反」しているとはいえない。

第2　EがDに対して，退職慰労金の金額について説明しなか　←説明義務違反
　った点について

1　議長であるEは，株主Dからの退職慰労金支給基準の説明　←条文の指摘
　要求に十分応じていない。これは取締役の説明義務（314条）
　に反し，「決議の方法が法令……に違反」するとして，取消
　事由（831条1項1号）を構成する可能性がある。
　　もっとも，明文上どの範囲で説明義務を履行すれば足りる
　のか，必ずしも明らかではない。そこで，取締役の説明義務
　の範囲を検討する必要がある。

2　説明義務の履行といえども，全ての質問にすべからく回答　←論証
　しなければならないものではなく，株主が議題を合理的に判　　説明義務の範囲

断するのに客観的に必要な範囲での説明をすれば足りる。そして，その際基準となる株主は平均的な株主である。

3 本件株主総会の決議事項は退職慰労金の支給であるから，支給金額に関する事項は，平均的な株主が，議決権行使において合理的判断をする上で必要な事項であるといえる。

そうすると，取締役は，支給金額についての説明義務を負い，仮に金額を説明できない場合には，支給基準についての説明義務を負担する。後者については，一定の基準が存在すること，その基準が公開されていること，支給額が一義的に算出し得るものであることを説明する義務を負うと解するのが相当である。 ←あてはめ

本問では，支給金額はおろか支給基準についても十分な説明がなされておらず（特に，その基準が公開されていること，支給額が一義的に算出し得るものであることについては何ら説明がなされていない），説明義務違反があるといわざるを得ない。

4 なお，Eは，退職慰労金の額がプライバシーに関わる問題であることを理由に説明を拒んでいるが，退職慰労金の額を明示せずとも，支給基準を説明することはできるのだから，「株式会社その他の者……の権利を侵害することとなる場合」（314条ただし書，会社法施行規則71条2号）には当たらない。 ←説明義務を負担しない場合についても一言触れておきました

5 したがって，この点について「決議の方法が法令……に違反」するといえる。

第3 裁量棄却（831条2項）の可能性について ←裁量棄却の可能性

1 ただし，「違反する事実が重大でなく」，「決議に影響を及ぼさない」場合には，裁量棄却の対象となり得る。

本問では，甲社の業績が悪化している中で退職慰労金を支給するのだから，支給金額に関する事項について説明義務を怠れば，「違反する事実が重大でな」いとはいい難い。

したがって，裁量棄却の可能性もない。

2 以上より，Dの訴えは認められる。

　　　　　　　　　　　　　　　　　　　　　　以　上

98

甲株式会社（以下 甲社 という。）では，取締役であるAが退職することになったため，退職慰労金を支給することにした。そこで，甲社は，議題を「退任取締役に対する退職慰労金贈呈の件」（以下 本件議題 という。）とする株主総会（以下 本件株主総会 という。）を開催した。

甲社では，役員の退職慰労金に関する規程があり，具体的な算出基準が明示されている。甲社は，これまでもこの規程に従って退職慰労金を支払ってきたため，Aの退職慰労金についても，この規程に従って，金額を算出する予定であった。なお，甲社は，規程を本店に備え置き，株主からの閲覧請求があった場合には，これに応じている。

甲社の株主であるB株式会社（以下 B社 という。）は，甲社から本件株主総会の招集通知を受け取ったが，B社の代表者が出席することができなかったため，従業員であるCに出席させることにした。甲社の定款では，議決権行使の代理人資格を株主に限定する旨の規定があるが，Cは，甲社の株主ではない。しかし，甲社は，CをB社の代理人と認め，本件株主総会に出席させた。なお，CはB社の就業規則において，上司の命令に服する義務を負っていた。

甲社の株主であるDは，Aが取締役に就任して以降，甲社の業績が悪化していたこともあり，本件株主総会に出席し，議長である甲社の代表取締役Eに対して，退職慰労金の額を明らかにするよう求めた。これに対して，Eは，「算出基準は基礎額と乗数と在位年数を乗じて計算しており，それぞれについては役員会で決定させていただきたい。具体的な金額については，受給者のプライバシーの問題にも関わってまいりますので，金額の公表を差し控えさせていただきたい。」と回答した。Dはこれに納得することができなかったが，Eが「時間なのでここで質問を打ち切らせていただきます。」と述べて，議案の承認を諮ったため，これ以上，説明を求めることができなかった。

結局，本件議題は，Cを含む多数の株主の賛成を得て，決議された（以下 本件決議 という。）。

本件決議に納得のいかないDは，本件決議の取消しを求める訴えを適法に提起した。

Dの訴えが認められるかについて，論じなさい（なお，退職慰労金の支給決定を取締役会に一任することができることは，前提としてよい。

第1. 取消事由
① 株主でないCの議決権行使を認めた …「決議の方法」が「定款に違反」
② 〜Eが質問を打ち切って議案の採決を諮った …「決議の方法」が「法令に違反」

第2. ①について。
1. 定款規定の有効性
　　　→ 有効
2. 本件Cの議決権行使を認めたこと、定款違反？
　　⎰ ⓐ→● 議事進行の適正害するおそれなく
　　⎱ ⓑ 株主の議決権行使の機会が奪われてしまう場合。
　　　定款の趣旨及ばない
※ ⎰ CはBの従業員、命令服するぎ（m） → ⓐ
　　⎱ Bの代表者 出席できず → ⓑ
3. ×.

第3. ②について。
1. (1) Eの回答は、説明ギム（314）としてナガ？
　　(2) 平均的株主基準に 合理的判断に客観的に必要なハンイ
　　(3) 規程のなたや閲覧請求可能なこと 等について述べていない
　　　→ 不十分. 「法令に違反」あり ？
2. もうしロ
3. 取消事由だが 裁量棄却？
第4. ×.

第1. 本件決議の取消事由として考えられるのは、①甲社の株主でないCの本件株主総会での議決権行使を認めたことが、議決権行使の代理人資格を株主に限定した旨の甲社の定款規定に反し「決議の方法」が、議決権行使の代理人資格を株主に限定した旨の甲社の「定款に違反」するという（会社法（以下法令名省略）831条1項1号）、及び②株主であるDが、本件株主総会において退職慰労金の額を明らかにするよう求めたのに対する代表取締役Eの回答にDが納得できなかったにもかかわらず、Eが質問を打ち切ったことが、説明義務違反で、議案の承認を認めたという「決議の方法」が、Eの説明義務（314条）違反という「法令…違反」があるとするものの、その2点である。

　　　以下、順に検討する。

第2. ①について。

1.(1) まず、議決権行使の代理人資格を株主に限る旨の甲社の定款規定が有効か。無効なのであれば、議決権行使をそもそも定款違反は問題にならないことから検討する。

(2) この点、議決権の代理行使を認めて、株主の意見を可能な限り株主総会に反映しようとした310条の趣旨に鑑み、かかる規定を無効とすべきとも思える。

　　　しかし、株主総会の議事運営の適正化を図るべく、合理的理由に基づく相当な程度の制約は許されると解すべきである。（代理人資格について。）

(3) そして、本問のように代理人資格を株主に限定する定款は、株主総会の議事が第三者にかく乱されることをE防止するという合理的理由に基づく相当な程度の制約といえ、有効である。有効である。

2.(1) それでは、株主ではないCの議決権行使を認めたことは、前記定款に違反するか。

(2) この点、前述した310条の趣旨から、議決権の代理行使の機会は最大限保障すべきであるから、形式的に代理人資格を限定する定款に違反する場合であっても、③議事運営の適正化を妨げるおそれが小さく、⑤株主の議決権行使の機会が奪われてしまう場合には、当該代理行使については、定款の効力が及ばないと解する。

(3) 本件では、Cは甲社の株主であるBの社員であり、就業規則で上司の命令に服する義務を負っていたのだから、Bの意見に反して議事運営を阻害するおそれは小さいといえる（③充足）。又、本件株主総会に、Bの代表者は出席することができなかったのだから、Cの議決権行使を認めなければ、Bの議決権行使の機会は奪われてしまうといえる（⑤充足）。

　　　したがって、Cの議決権行使については、前記定款の効力が及ばず、「定款に違反」するものとはならない。

3. 以上から、①は取消事由とはならない。

第3. ②について。

1.(1) 本件のEの答回答は、取締役の説明義務（314条）の履行として十分か。説明義務の程度が問題となる。

(2) この点、314条の趣旨は、株主が議案について判断するのに必要な事項を明らかにさせる点にあるから、説明義務の程度としては、平均的な株

主を基準に、株主が議題を合理的に判断するのに客観的に必要な範囲での説明をすることで足りると解すべきである。

(イ) 本件についてみるに、本件議題は、「退任取締役に対する退職慰労金贈呈の件」であり、~~具体的な算出基準が甲社に存在する~~を明示した規程が甲社に存在すること、閲覧請求が株主の閲覧請求が可能であること、~~同規程に従って退職慰労金を支払ってきたため~~、Aの退職慰労金についてもこの規程に従って金額を算出する予定であること、から、これらの事情について、Bが説明（すれば、）株主が本件議題を合理的に判断する客観的に必要な範囲での説明はなされたものと考えられる。

~~そして、~~ もっとも、Bは、「算出基準は基礎報酬と職歴と在任年数を乗じて計算しており、…本総会で承認されていただきたい」と、算出基準の内容を述べるのみで、規程の存在や、閲覧請求が可能なこと等については述べていないから、説明義務を尽くしたとはいえない。

よって、本件「説明」の点、については、Bの説明義務違反という「法令…違反」があるといえる。

2(1) もっとも、甲社には、前記のように算出基準が存在し、閲覧請求が可能だから、株主への開示もなされているといえるところ。Bは、~~存在し~~存在し、関係されている算出基準の具体的内容を説明しただけなのだから、違反事実が「重大」とまではいえない。また、甲社では、これまでこの規程に従って退職慰労金を支払っていたためAの退職慰労金もこの規程に従う予定だったところ、本件議題

は多数の株主の賛成を得て決議されたが、賛成株主は、従来の扱いに従うことを~~求め~~承認したと考えられるから、前記のような説明を十分にしたからといって、結論に影響が出ることは考えにくく、「決議に影響を及ぼさない」ものであると考えられる（831条1項但書）

(2) したがって、裁量棄却事由となると考える。

3. 以上から、①は取消事由となるが、裁量棄却される。

第4. 結論
~~したがって、~~ よって、Dの請求は認められない。

以上。

　次の各事例において，会社法上，Ａ株式会社（取締役会及び監査役を設置している会社であり，①大会社でないものとする）の②取締役会の決議が必要か。

1　Ａ会社の代表取締役Ｂが，③Ｃ株式会社のＤ銀行に対する10億円の借入金債務について，Ａ会社を代表して，④Ｄ銀行との間で保証契約を締結するとき。

2　⑤Ａ会社の取締役ＥがＦ株式会社の発行済株式総数の70パーセントを保有している場合において，⑥Ａ会社が，Ｆ会社のＧ銀行に対する1000万円の借入金債務について，Ｇ銀行との間で保証契約を締結するとき。

3　⑦ホテルを経営するＡ会社の取締役Ｈが，⑧ホテルの経営と不動産事業とを行うＩ株式会社の代表取締役に就任して，⑨その不動産事業部門の取引のみを担当する場合。

（旧司法試験　平成15年度　第１問　改題）

□ 出題論点

□ 問題処理のポイント

　本問は，機関の分野から，取締役会に関する理解を問う問題です。旧司法試験平成15年度第１問の問題を現行法に修正し，小問１を若干簡略化して出題しています。改題前の問題は，以下の通りです。

　次の各事例において，商法上，Ａ株式会社の取締役会の決議が必要か。ただし，Ａ会社は，株式会社の監査等に関する商法の特例に関する法律上の大会社又はみなし大会社ではないものとする。

1　Ａ会社の代表取締役ＢがＣ株式会社の監査役を兼任する場合において，Ａ会社が，Ｃ会社のＤ銀行に対する10億円の借入金債務について，Ｄ銀行との間で保証契約を締結するとき。

2　Ａ会社の取締役ＥがＦ株式会社の発行済株式総数の70パーセントを保有している場合において，Ａ会社が，Ｆ会社のＧ銀行に対する1000万円の借入金債務について，Ｇ銀行との間で保証契約を締結するとき。

　取締役会決議が要求される事項は会社法上に多数存在しますので，まずは，それ
をリスト化して整理しておき，本問のように「取締役会決議が必要か」と問われた
際に，瞬時にそのリストに検索をかけられるようにしておくことが重要です。

　また，取締役会決議が必要であるにもかかわらず，取締役会決議を経ずに行われ
た会社（代表取締役）の行為の効力（例えば，利益相反取引）についても司法試験
をはじめとする各種試験で頻出ですので，併せて整理しておいてください。

■ 答案作成の過程

1 小問1について

1 「多額の借財」

　本小問では，③④Ｃ株式会社のＤ銀行に対する10億円の借入金債務について，
Ｄ銀行との間で保証契約を締結する場合に，②取締役会決議が必要かが問われて
います。

　取締役会が必要となるとすれば，「多額の借財」（会社法362条4項2号）に
該当することを理由とするものでしょう。

2 「借財」の意義

　まず，保証契約が「借財」に当たるかが問題となります。この点については，
東京地判平9.3.17が肯定しており，学説の多数も肯定しています。

3 「多額」の意義

　次に，「多額」か否かです。前掲東京地判平9.3.17は，その判断基準について，「当
該借財の額，その会社の総資産及び経常利益等に占める割合，当該借財の目的及
び会社における従来の取扱い等の事情を総合的に考慮して判断されるべきであ
る」と述べています。これは，重要な財産の処分・譲受け（会社法362条4項1号）
における「重要」性に関する最判平6.1.20【会社法百選60】が述べた基準「当該
財産の価額，その会社の総資産に占める割合，当該財産の保有目的，処分行為の
態様及び会社における従来の取扱い等の事情を総合的に考慮」するというものと
ほぼ同趣旨のものです。

　では，10億円が「多額」に当たるのでしょうか。この点については，上記基準
からも明らかなように，個別具体的な判断とならざるを得ませんが，①Ａ会社は，
大会社ではないことから，資本金は5億円未満であることが分かります（会社法
2条6号イ参照）。そうすると，少なくとも資本金の2倍以上の借入れをしてい
ることになりますので，これが「多額」ではないとはいい難いでしょう。

　したがって，「多額」性も肯定できます。

4 結論

　以上から，会社法362条4項2号によって，取締役会決議が必要となります。

2 小問2について

1 利益相反取引（間接取引）

　小問2の事案を単純化すると，⑤⑥A会社が，A会社の取締役であるEが発行済株式総数の大多数を有するF社の債務を保証する場合であるといえます。

　これは，EとA会社との利益が相反する取引であるとして，会社法356条1項3号・365条1項が規定する間接取引に当たるとして，取締役会決議が要求される可能性があります。

　なお，「多額の借財」に該当する可能性もありますが，小問1では借入金の額が③「10億円」とされているのに対して，本小問では⑥「1000万円」であるとされており，これは「多額の借財」には触れてほしくないという出題意図の表れだと考えられます。

2 間接取引の規制範囲

　会社法356条1項3号は，「株式会社が取締役の債務を保証することその他取締役以外の者との間において株式会社と当該取締役との利益が相反する取引をしようとするとき」に取締役会決議が必要であると定めています（間接取引）が，この適用範囲については必ずしも明らかではありません。

　この点の解釈については，学説上固まった見解があるわけではありませんが，以下の2つの観点を考慮しなければならないという点においては概ね一致があるといってよいでしょう。

　1つの観点は，会社の利益保護です。間接取引として捕捉する（取締役会決議を必要とする）範囲が狭すぎると，取締役の権限濫用から，会社の利益を十分に保護することができません。

　もう1つの観点は，取引の安全です。取締役会決議を欠いた取引の効力について判例は，相対的無効説を採っています（間接取引について最大判昭43.12.25【会社法百選56】，手形取引（直接取引）について最大判昭46.10.13【会社法百選55】【手形小切手百選37】）。同説によれば，相手方は，善意（無重過失）であれば保護される可能性はありますが，取引が無効になるリスクを負うことになります。そのため，あまりに取締役会決議が必要となる範囲を拡大しすぎると，取引の安全を害することになるのです。

　そこで，間接取引の規制範囲はある程度明確である必要が出てきます。

3 本問へのあてはめ

　本問において，仮に，EがF社の株式の100％を保有しているのであれば，EとF社は経済的にみて同一であるとして，「株式会社が取締役の債務を保証する」場合と同様に考えることができます。

では，⑤70％の場合はどのように考えるべきでしょうか。

学説上は，発行済株式総数又は議決権総数の過半数が1つの目安だと考えられています。過半数を超える株式を保有している場合には，「その他取締役以外の者との間において株式会社と当該取締役との利益が相反する取引をしようとするとき」に当たります。これに対して，過半数を下回ってしまうと，仮に，実質的に会社を支配していたとしても，規制範囲が不明確になるとして，「その他取締役以外の者との間において株式会社と当該取締役との利益が相反する取引をしようとするとき」には当たりません。

4　結論

したがって，本問では，間接取引に当たるとして，取締役会決議が必要となります。

3　小問3について

1　競業取引

本小問では，⑦ホテルを経営するA会社の取締役であるHが，⑧ホテル経営も行っているI会社の代表取締役に就任するという事例です。これは，「取締役が自己又は第三者のために株式会社の事業の部類に属する取引をしようとするとき」（**競業取引**，会社法356条1項1号）に当たるか否かが問題となります。

2　「取引」

まず，競合他社であっても，代表取締役に就任すること自体は，その会社と取締役との委任契約の締結にすぎませんので，同号が規制する「取引」には当たりません（東京地判昭45.7.23参照）。しかし，代表取締役に就任する以上，日々会社の代表として取引を行うことが予定されているので，包括的に会社の承認（本問の場合は，取締役会決議）を得ておくべきであると解されています。

3　「ために」

「ために」の意義については，名義説と計算説の対立がありますが，本小問では，I会社の代表取締役として「取引」を行うことになるため，いずれの見解に立ったとしても，「第三者のために」「取引」を行っているということになるでしょう。

4　「株式会社の事業の部類に属する取引」

もっとも，「株式会社の事業の部類に属する取引をしようとするとき」に当たらなければ取締役会決議を経る必要はありません。この点については，会社と市場において競業が生じるおそれがあることをもって足りると解されています。

そこで，この点について検討する必要があります。

本小問では，⑧I会社がホテル事業だけではなく，不動産事業を行っており，Hは不動産事業部門のみを担当するという点が悩みどころです。⑨不動産事業部門のみ担当するということであれば，A会社が営むホテル事業と競合するおそれがないようにも思われますが，一方で，ホテル事業と不動産事業には一定の関連

性があり，やはりホテル事業と競合するおそれがあるとみることもできそうです。

　学説では，例えば，製菓業を目的とする会社の代表取締役が，製菓業と不動産取引とを目的とする会社の代表取締役に就任し，不動産部門の取引のみを担当する場合には，競業取引には当たらないとするものもありますが，製菓業よりもホテル事業の方が不動産事業と関連性が強いと思われますので，この議論がそのまま本小問に妥当するわけではありません。

　この点については，学説上ほとんど議論がなされていませんので，いずれの結論を採ることも可能でしょう。その際には，<u>自分が採る結論と反対の結論につながりそうな事実を挙げて論じることが重要</u>です。仮に，競業取引に該当するという結論を採る場合には，不動産事業部門のみ担当するということであれば，A会社が営むホテル事業と競合するおそれがないのではないか，という疑問に答えておくべきでしょう。

4　出題趣旨

　最後に法務省が発表した出題趣旨を掲載しておきます。なお，本問は旧商法下で出題されたものですので，条文は現行法（会社法）のものに修正しています。

　「本問は，株式会社の行う取引又は取締役の行為について，取締役会の決議を要求する会社法規定の適用範囲に関する問題である。具体的には，事例として挙げられている取引・行為が，多額の借財その他の重要な業務執行（会社法第362条第4項第1号，第2号），取締役・会社間の利益相反取引（同法第356条第1項第2号，第3号）又は取締役の競業取引（同項第1号）に該当するか否かについて，各規定の趣旨，適用対象に関する判例・学説の状況を理解した上で，整合的に論述することが求められる。」

第1　小問1
　1　本件保証契約は「多額の借財」（会社362Ⅳ②）に当たり，取締役会決議が必要か
　　　　↓
　2　「借財」
　　　保証契約も，「借財」に当たる
　3　「多額」
　　　額，会社の規模等に照らして個別的・相対的に判断
　　　　↓
　　　あてはめ
　4　本件保証契約は取締役会決議が必要

第2　小問2
　1　「多額の借財」には当たらない
　　　　↓
　2　EはF社の大株主なので，本件保証契約が間接取引（会社356Ⅰ③）に当たる可能性あり
　　　　↓
　3　外形的・客観的に見て，会社の犠牲の下に，取締役に利益が生じる行為か否かで判断
　　　　↓
　4　あてはめ

第3　小問3
　1　Hが，I社代表取締役として取引を担当する場合，「株式会社の事業の部類に属する取引」（会社356Ⅰ①）に当たり，取締役会決議が必要か
　　　　↓
　2　要件検討
　　　①「第三者のために」「取引」
　　　②「株式会社の事業の部類に属する」
　　　　↓
　　　あてはめ
　　　　↓
　3　Hが，I社代表取締役として取引を担当するには取締役会の決議が必要

第1　小問1について

1　本件の保証契約は10億円もの高額な保証契約であり，会社法（以下，法令名省略。）362条4項2号で取締役会決議が要求される「多額の借財」に当たることが考えられる。

2　まず，保証契約が「借財」に当たるか。

362条4項の趣旨は会社の業務・財産に重大な影響を及ぼす事項について，取締役会の決議を徴求することによって，代表取締役の専断を防止し，もって会社の経営を健全化する点にある。

保証人は主債務者と同様の責任を負う（民法446条1項）ことからすれば，上記のような趣旨が妥当するから，「借財」に当たると考えるのが妥当である。

3　また，「多額」性は，上記趣旨に鑑み，当該借財の額，その会社の規模等に照らして個別的・相対的に判断すべきである。

A会社は大会社ではないから，資本金が5億円未満であるところ（2条6号イ参照），本件の保証契約は10億円という，A会社にしてみれば資本金の倍以上の金額の保証契約であること，また，保証契約が保証料を差し入れさせる場合を除いて，保証人に何らの経済的利益ももたらさない契約類型であることを考慮すれば，「多額」性が認められると解すべきである。

4　よって，本件の保証契約については362条4項2号による取締役会決議が必要である。

第2　小問2について

1　まず，前小問における3の基準に照らせば，A会社の規模にもよるが，1000万円は「多額の借財」であるとはいえない可能性が高い。

2　もっとも，A会社の取締役EがF社の発行済株式総数の70パーセントを有する株主であることから，A会社が，F会社のG銀行に対する借入金債務についてG銀行との間で保証契約を締結すると，EとA会社の「利益が相反する」（356条1項3号，間接取引）可能性がある。間接取引に該当する場合には，取締役会決議が必要となる（同号，365条1項）。そこで，本件保証契約が間接取引に該当するか，検討する必要がある。

3　利益相反取引規制の趣旨は，取締役個人と会社との利害が相反する場合において，取締役個人の利益を図り，会社に不利益な行為がみだりに行なわれることを防止しようとする点にある。このような趣旨からすれば，間接取引の規制範囲は広く捉えるべきであるとも考えられる。

一方で，この規制範囲をあまりに広汎なものとすれば，取引の安全を著しく害することになる。そのため，規制の範囲については明確性も重視すべきである。

そこで，間接取引（利益相反取引）に該当するかどうかの判断は，外形的・客観的に見て，会社の犠牲の下に，取締役に利益が生じる行為か否かによって決すべきである。

4　確かに，形式的にはA会社の取締役EとF社とは別人格であり，またEはBとは異なり，単なる平取締役であって代表権を持たないから，

← 小問1について
← 条文の指摘
←「多額の借財」

←「借財」該当性

← 論証

←「多額」該当性

← 小問2について

←「多額の借財」該当性は簡単に否定しました
← 間接取引該当性

← 間接取引の規制範囲

← 論証

← あてはめ

本件保証契約を代表することができず，その権限を濫用して自己の利益を図り，一方でA社に損失を与えるおそれも小さいとも思える。

しかし，平取締役であっても，他の取締役に働き掛けるなどして取締役会決議に影響力を及ぼすことは可能である。

また，EはF社の発行済株式総数の70パーセントを保有しており，特別決議（309条2項）までは単独で通すことが可能であるから，当該会社の存続や配当額の増加に重大な関心を有する。そのため，EとF社の利害は大部分一致するといえる。なお，過半数を下回る株式を保有する場合について間接取引該当性を認めないとすれば，基準の明確性は一定程度担保されるから，間接取引に該当する範囲が明確になり，取引の安全を害するおそれは低い。

したがって，F社にとって有利な本件保証契約はEの利益になるものであり，一方でA会社にとって不利益になることは疑いないから，外形的・客観的に見て，会社の犠牲の下に，取締役に利益が生じる行為として，間接取引に当たる。

よって，A会社がG銀行との間で保証契約を締結するには取締役会決議が必要である。

第3 小問3について　　　　　　　　　　　　　　　　　←—小問3について

1　A会社はホテル経営を行っているところ，取締役Hが同じくホテル経営を行うI社の代表取締役に就任して取引を担当する場合には，「株式会社の事業の部類に属する取引」（競業取引，356条1項1号）に当たり，取締役会決議が必要となることが考えられる（同号，365条1項）。

そこで，以下，その要件を検討する。

2(1)　まず，取締役がある会社の代表取締役に就任した場合には，日々　　←—問題のない要件は簡単に
その会社を代表して取引を行うものであるから，「第三者」I社の「ために」「取引」を行っているといえる。

(2)　次に，「株式会社の事業の部類に属する」の意義であるが，市場　　←—**論証**
において現に会社と競合が生じている必要はなく，市場において会　　　「株式会社の事業の部類に
社と競争を生じるおそれのある取引であれば足りると解する。上記　　　属する」の意義
規定は，会社の業務に精通する取締役の競業を広く規制し，もって
会社の保護を図ることをその趣旨とするからである。

(3)　確かに，Hが不動産事業のみを担当するのであれば，A会社のホ　　←—あてはめ
テル経営とは競合しないとも思える。

しかし，そもそもホテル事業と不動産事業の境界線は曖昧である
し，また，ホテル事業に関する取引を議題とする取締役会などにおいて，HがA会社を通じて得た営業上の機密やビジネスのノウハウを秘匿できるとは考えにくい。

したがって，市場において会社と競争を生じるおそれのある取引
に当たる。

よって，HがI社の代表取締役に就任し，同社を代表して取引を
することは，「株式会社の事業の部類に属する取引」をするものである。

3　以上から，HがI社の不動産事業部門の取引を担当する場合には，
取締役会の決議が必要である。　　　　　　　　　　　　　　以　上

次の各事例において，会社法上，A株式会社（取締役会及び監査役を設置している会社であり，大会社でないものとする）の取締役会の決議が必要か。

1　A会社の代表取締役Bが，C株式会社のD銀行に対する１０億円の借入金債務について，A会社を代表して，D銀行との間で保証契約を締結するとき。

2　A会社の取締役EがF株式会社の発行済株式総数の７０パーセントを保有している場合において，A会社が，F会社のG銀行に対する１０００万円の借入金債務について，G銀行との間で保証契約を締結するとき。

3　ホテルを経営するA会社の取締役Hが，ホテルの経営と不動産事業とを行うI株式会社の代表取締役に就任して，その不動産事業部門の取引のみを担当する場合。

（旧司法試験　平成１５年度　第１問　改題）

II 会社法 ▼ 第11問

● 合格者の答案構成

第1．小問1．

1．「多額の借財」（362 IV ②）？

2．＜まず＞保証が「借財」といえるか？ → ○

3．＜そうだとしても＞「多額の」にあたるか？

　　　（10億円、資本金5億未満（2 ⑥イ参照）→ ○

4．必要

第2．小問2．

1．「多額の」とはいえない場合あり。

2．＜そうだとしても＞利益相反取引（356 I ③）にあたり、承認決議（365 I）必要？

　　＜この点＞外形的・客観的

　　＜本件＞Eは70%保有。（2/3（30個）以上）

　　　E≥Fは経済的一体

　　（ふ）Fの債務を保証は、AとEとの間で利益相反。

＊　＜よって＞必要。

第3．小問3．

1．競業取引（356 I ①）にあたり、承認決議必要？

2．「第三者のため」

3．「事業の部類に属する取引」

　　＜確かに＞別個

　　＜しかし＞関係性あり、判別困難　＜ふ＞おそれあり。

　　＜よって＞必要。

第1. 設問1.
1. A会社が、C持株会社のD銀行に対する10億円の借入金債務について、Dとの間で保証契約を締結することは、~~原則~~特別決議が必要となる「多額の借財」(会社法(以下、法令名略)362条4項2号、同条2項1号)にあたるか。

2. まず、保証契約の締結が「借財」といえるか。
この点、「借財」とは、会社が金銭債務を負担する行為をいうと考える。
本件の、保証契約の締結につきみると、本契約は、Cが10億円の支払債務を履行しない場合に、A~~会社~~はDに対して、その10億円の支払債務の履行の責任を負う(民法446条1項後段)点で、A社が予め定めた金銭債務を負担する行為といえる。よって、「借財」といえる。

3. 次に、10億円の~~主たる債務~~保証債務が「多額の」借財といえるか。
この点、「多額の」というのは、負担する債務の額、会社の総資産に占める割合等諸般の事情を考慮し個別具体的に決せられると解する。
本件につきみると、保証債務の額は、10億円であり、A会社が~~純~~大会社でなく、資本金が5億円未満である(2条6号←)ことを考えると、前記保証債務額が会社の総資産に占める割合は、極めて大きいと考えられる。よって、前記額の保証債務は「多額の」借財といえる。

4. 以上から、本件保証契約の締結は、「多額の借財」にあたり、取締役会決議が必要となる。

第2. 設問2.
1. ~~本件~~Aが、Fの~~G~~Gに対する1000万円の借入金債務について、G銀行との間で保証契約を締結することが、「多額の借財」にあたれば、取締役会決議が必要となる。
もっとも、金額が、設問1の10億円の1/100にすぎず、会社の資産状況によっては、「多額の」にあたらないことも考えられる。

2.(1) そうだとしても、F会社は、「取締役以外の者」(356条1項3号)といえるところ、A会社の取締役Eが、Fの発行済株式総数の70%を保有しているため、A社が、かかるFとの間で前記のような保証契約を締結することは、AとEとの「利益が相反する取引」(同条項同号、間接取引)に該当し、~~取締役会~~会の承認決議(365条1項、356条1項柱書)が必要となるのではないか。利益相反取引にあたるか否かの基準が問題となる。

(2) この点、356条1項2、3号の趣旨は、会社と取締役の利益が相反する場合に、取締役が自己の利益を優先して会社の利益を害することを防止する点にある。もっとも、~~利益が~~利益が相反するか否かは、必ずしも外形から明らかとはいえず、取引の安全の重要性もあることから、利益相反取引にあたるか否かは、客観的・形式的に行為の外形から判断すべきと解する。(尚、私見

(3) 本件につきみると、Eは、F会社の発行済株式総数の70%を保有している~~ことから利益状況~~特別決議事項(309条2項)を~~決定~~F会社の下部の運営・意思決定を左右できる立場になるのだから、EとFは経済的にみて一体といえる。そうだとすれば、AがかかるFの借入金債務1000万円について、~~G銀行~~Gとの間で

保証契約を締結することは、Eと経済的に一体であるEの利益
ともなるもので、客観的・外形的にみて、AとEとの「利益が
相反する取引」にあたる。

したがって、取締役会の承認決議が必要となる。

第3. 設問3.
1. A会社の取締役Hが、I株式会社の代表取締役に就任して、
不動産事業部門の取引を担当することは、競業取引（356条項
1号）に該当し、取締役会の承認決議（365条手続）が必要と
ならないか。
～A社の

2. この点、HがI社の代表取締役として、不動産事業部門の取引を
する場合、I社の計算で取引するといえるから、Aにとり、「第三者のた
めに」取引するものといえる。

3.(1) そうだとしても、A会社はホテルを経営するものであるところ、Hが
不動産部門の取引を担当することが「~株式会社」A社の「事業の部
類に属する取引」といえるか。

(2) この点、356条1項1号の趣旨は、取締役がその得た知識・経験を
生かして会社の取引先を奪う等、会社の利益を害することを防ぐ点にある。
かかる趣旨からすれば、「事業の部類に属する取引」とは、会社の
~事業と市場において競合し、会社と取締役との間に利益衝突
を生ずるおそれのある取引というと解する。

(3) 本件では、確かに、A社は、ホテル経営事業を営むもので、HがI社
の不動産事業部門の取引のみを行おうとしても、A社の事業と市場において

直ちに競合はしない。しかし、ホテルの経営は、ホテルとなる建物や
敷地等の不動産が必要となり、不動産取引とも伴なうものといえるので、
Aの経営に必要な不動産取引の際に、不要I社の代表として不動産取引
を行うHと、利益衝突を生ずるおそれがあるといえる。また、I社の
代表者とみれば、I社の事業であるホテルの経営と不動産事業を常に
区別して、不動産部門の取引のみをするということは困難と考えられ、
場合によっては、ホテル経営に関する行為もすると考えられるので、
この場合でも、AとHとの間に利益衝突を生ずるおそれが大きいといえる。

よって、Hは、Aの「事業の部類に属する取引」をするといえる。

4. 以上から、I株式会社の代表者Hは、競業取引をするもの
といえ、取締役会の承認決議が必要となる。

以上

　甲株式会社（以下「甲社」という。）は，取締役会設置会社であり，監査役設置会社である。①甲社取締役Yは，使用人も兼ねている。

　②甲社は，従来，取締役の報酬を取締役会決議によって決定してきた。

　③平成25年度，甲社は，Yに対し，使用人の給与として内規に基づいて年額300万円，取締役の報酬として取締役会決議で決定した額である年額1000万円を支払った。

　もっとも，④甲社は，平成26年3月15日に開催された甲社定時株主総会において，甲社の設立時に遡って効力が生じる条件付決議として，取締役の報酬を年額1000万円（使用人兼務取締役の使用人分の給与を含めない。）とする決議，及び⑤平成26年度の取締役の報酬の総額を1億円とし，具体的配分を取締役会に一任する旨の決議がなされた。

　なお，⑥具体的配分を決定する取締役会決議はなされていない。

　以上の事実関係を前提として，以下の各小問について，解答しなさい。

(1)　⑦甲社監査役のXは，Yに対して，上記1300万円が不当利得に当たるとして返還を求める訴えを提起した。⑧かかる請求は認められるかについて，論じなさい。

(2)　⑨Yは，甲社に対して，平成26年度の報酬を請求することができるかについて，論じなさい。

□ 出題論点

□ 問題処理のポイント

　本問は，機関の分野から，取締役の報酬に関する理解を問う問題です。

　取締役の報酬に関しては，多数の判例の積み重ねがありますが，現在でも多くの解釈問題が残されています。例えば，小問(2)において，平成26年度の報酬を請求することができないという結論を採った場合，Yは「タダ働き」をさせられる危険があることになります。そこで，Yが採り得る手段はないかという点も重要な問題です。

これらの問題を考えるに当たっては，どのような法的根拠で何を請求できるのか，その要件は満たされているのか，という民法の基本的な考え方をしっかりと押さえておくことが重要です。そのような視点でお手持ちのテキストを見直してみてください。

■ 答案作成の過程

1 小問(1)について

1 請求の法的根拠及び要件

⑦「甲社監査役のXは，Yに対して，……1300万円が不当利得に当たるとして返還を求める訴えを提起」しており，⑧その請求が認められるかが問われていますので，民法703条（704条）の要件を検討することになります。

①取締役Yは使用人も兼ねているところ，甲社は，③Yに対して平成25年度分の報酬及び給与として合計1300万円を支払っていますので，「他人の財産又は労務によって利益を受け，そのために他人に損失を及ぼした」の要件を満たすことはほぼ問題がありません。

問題となるのは，「法律上の原因」の有無です。

甲社（X）としては，②株主総会の決議によることなく，③取締役会決議限りで使用人としての給与及び取締役としての報酬を支払っているから，「法律上の原因」がないと主張するでしょう。

2 使用人としての給与について株主総会の決議は必要か

取締役の報酬について，株主総会の決議が必要であることは，条文上明らかです。では，**使用人としての給与についてはどうでしょうか。**

使用人としての給与は，会社との雇用契約に基づいて支払われるものですので，形式的には「取締役の報酬，賞与その他の職務執行の対価として株式会社から受ける財産上の利益」（会社法361条1項）に当たりません。

しかし，そこまで形式的に判断してよいのかは疑問があります。

この点について，判例は，「使用人として受ける給与の体系が明確に確立されている場合においては，使用人兼務取締役について，別に使用人として給与を受けることを予定しつつ，取締役として受ける報酬額のみを株主総会で決議することとしても，取締役としての実質的な意味における報酬が過多でないかどうかについて株主総会がその監視機能を十分に果たせなくなるとは考えられないから，右のような内容の本件株主総会決議が商法269条（注：現会社法361条）の脱法行為にあたるとはいえない」（注は筆者。）として，<u>株主総会による決議を不要としました</u>（最判昭60.3.26）。もっとも，あくまでも，「使用人として受ける給与の体系が明確に確立されている場合」に限定される点には注意が必要です。

本問では，③「内規」がどのようなものなのか問題文から明らかではありませ

んが，通常は，「給与の体系が明確に確立されている」ので，株主総会の決議の対象とはならないと考えてよいでしょう。

3　株主総会決議は事後的なものでよいか

　上記のように，取締役の報酬については株主総会の決議が必要であることは明らかです。

　では，株主総会の決議は，本問のような④「甲社の設立時に遡って効力が生じる条件付決議」，つまり事後的なものでもよいのでしょうか。会社法361条は，「定款に当該事項を定めていないときは，株主総会の決議によって定める」と規定していますが，その時期については規定していません。そこで，この点は解釈問題になります。

　この点について，判例は，「商法269条（注：現会社法361条）……が，株式会社の取締役……の報酬について，定款にその額の定めがないときは，株主総会の決議によって定めると規定している趣旨目的は，……取締役ないし取締役会によるいわゆるお手盛りの弊害を防止し，……さらに，……役員報酬の額の決定を株主の自主的な判断にゆだねるところにあると解される。そして，株主総会の決議を経ずに役員報酬が支払われた場合であっても，これについて後に株主総会の決議を経ることにより，事後的にせよ上記の規定の趣旨目的は達せられるものということができるから，当該決議の内容等に照らして上記規定の趣旨目的を没却するような特段の事情があると認められない限り，当該役員報酬の支払は株主総会の決議に基づく適法有効なものになるというべきである。」として，特段の事情が認められない限り，事後的な決議でも許されるとしました（最判平17.2.15）。この特段の事情については，判文上明らかではありませんが，代表取締役の一存で報酬の決定と支出が行われ，後の総会決議でそれらを一括承認するとか，事前の報酬決定を欠いたまま法的根拠なしに報酬支払の事実を重ね，経営の出来・不出来をみて結果論的にその支出の当否を判断する等の不健全な運用が考慮されるとの指摘があります。

　本問では，会社法361条の「趣旨目的を没却するような特段の事情」は見当たりませんので，上記判例に従えば，事後的な決議も許されることになるでしょう。

4　結論

　以上から，使用人としての給与分（300万円）についてはそもそも株主総会の決議が不要であり，また，取締役の報酬分（1000万円）については株主総会の決議があるので，甲社（X）の主張はともに理由がなく，認められないということになります。

2　小問(2)について

1　請求の根拠

　Yの請求の根拠は，取締役としての任用契約（委任契約）上の報酬支払請求権

です。もっとも，上記のように会社法361条は，定款又は株主総会の決議によって，報酬等について定めることを規定しています。

そのため，仮に，任用契約において報酬支払の合意があったとしても，定款又は株主総会の決議がなければ，報酬を支払うことができないと解するのが自然です。判例も，「株式会社の取締役については，定款又は株主総会の決議によって報酬の金額が定められなければ，具体的な報酬請求権は発生せず，取締役が会社に対して報酬を請求することはできないというべきである。けだし，商法269条（注：現会社法361条）は，取締役の報酬額について，取締役ないし取締役会によるいわゆるお手盛りの弊害を防止するために，これを定款又は株主総会の決議で定めることとし，株主の自主的な判断にゆだねているからである。」（下線及び注は筆者，以下同じ）と述べています（最判平15.2.21）。

では，本問のように，⑤株主総会の決議によって報酬額の配分を取締役会に一任した場合には具体的な報酬請求権はいつ発生するのでしょうか。この点を検討するに当たっては，そもそも，報酬額の配分を取締役会に一任することができるのか，検討しなければなりません。

2　一任の可否

この点について，前掲最判昭60.3.26は，「商法269条（注：現会社法361条）の規定の趣旨は取締役の報酬額について取締役ないし取締役会によるいわゆるお手盛りの弊害を防止する点にあるから，株主総会の決議で取締役全員の報酬の総額を定め，その具体的な配分は取締役会の決定に委ねることができ，株主総会の決議で各取締役の報酬額を個別に定めることまでは必要」でないと判示しました。

したがって，本問のように，⑤報酬の総額を定めた上で，具体的配分を取締役会に一任することは可能であるということになります。

3　具体的報酬請求権の発生時期

それでは，取締役会に一任された場合，具体的報酬請求権はいつ発生するのでしょうか。

この点について，判例はありませんが，学説上，株主総会による一任決議があった場合には，委任を受けた取締役会決議の決定があって初めて具体的な報酬請求権が発生すると解されています。

本問では，⑥「具体的配分を決定する取締役会決議はなされていない」ので，具体的な報酬請求権は発生してないということになります。

4　結論

以上から，⑨Yの甲社に対する平成26年度分の報酬支払請求は認められません。

第1　小問(1)について
　1　不当利得返還請求の要件
　　　→「法律上の原因」の有無が問題
　2　使用人としての給与（300万円）
　　　使用人としての給与は株主総会の決定事項か
　　　　　↓
　　　否定説
　　　　　↓
　3　取締役としての報酬（1000万円）
　　　支給した時点においては，株主総会決議を経ていないため，不当利得
　　　　　↓
　　　株主総会の決議を事後的になすことの可否
　　　　　↓
　　　原則肯定説
　　　　　↓
　　　あてはめ
　　　　　↓
　4　Xの請求は認められない

第2　小問(2)について
　1　具体的な報酬請求権の発生時期
　　　　　↓
　　　株主総会決議時
　　　　　↓
　　　一任決議がなされた場合は？
　　　　　↓
　2　一任決議の適法性
　　　　　↓
　　　総額や上限を決めて，具体的配分を一任することは可能
　　　　　↓
　　　あてはめ
　　　　　↓
　3　甲社取締役会は一任を受けたにもかかわらず，決議なし
　　　　　↓
　　　具体的配分について取締役会に一任された場合，取締役会決議時に具体的
　　　報酬請求権が発生すると考えるべき
　　　　　↓
　　　あてはめ
　　　　　↓
　4　Yの請求は認められない

第1　小問(1)について

1　Xの不当利得返還請求（民法703条，704条）が認められるためには，同条の要件を満たす必要がある。

　　まず，甲社は，Yに対して合計1300万円を支払っているから「利益」，「損失」及びその間の因果関係は認められる。

　　では，「法律上の原因」はあるといえるか。Xとしては，株主総会の決議によることなく，使用人の給与及び取締役の報酬を支払っているから，「法律上の原因」がないと主張するだろう。そこで，この主張が認められるか検討する。

2　使用人としての給与分300万円について

(1)　Yは使用人兼取締役である。使用人兼取締役は，使用人として給与を，取締役として報酬を受け取ることになる。後者は株主総会の決定事項であるが（会社法（以下，法令名省略。）361条），前者もまた株主総会の決定事項となるか。

(2)　361条の趣旨は取締役によるお手盛りの危険を防ぐ点にあるところ，使用人として受ける給与の体系が明確に確立されており，かつ，使用人として受ける給与がそれによって支給されている場合には，使用人として受ける給与の決定における濫用の危険は少なく，取締役への株主総会のコントロールとしても問題はない。また，法が執行役兼使用人の報酬を報酬委員会で決定すべきとしている（404条3項）ことからすると，それ以外の場合には，特別の規制を課さない趣旨である。

　　したがって，上記場合には，使用人としての給与分は株主総会の決議を経る必要がないものと解すべきである。

(3)　本問でも，内規において給与体系が明確に確立している場合には，使用人としての給与として内規に基づいて支給された300万円については，株主総会の決議によって決定する必要がない。

　　以上から，そのような場合には，「法律上の原因」があり，不当利得には当たらない。

3　取締役としての報酬分1000万円について

(1)　では，取締役としての報酬1000万円についてはどうか。まず，1000万円を支給した時点においては，株主総会決議を経ていないため，不当利得となる。

　　しかし，本件においては事後的に取締役の報酬を決定する決議がなされている。そこで，これにより支給が適法とならないか。

(2)　361条1項が取締役の報酬について，定款もしくは株主総会の決議によって定めると規定している趣旨は，お手盛りの弊害を防止し，取締役の報酬額の決定を株主の自主的判断に委ねる点にある。

　　そうだとすれば，後に株主総会の決議を経ることにより，事後的にせよ，前述の趣旨は達せられるから，当該決議の

←小問(1)について
←法的根拠

←要件検討

←使用人としての給与分について

←論証

←あてはめ
具体的な内規の定めが明らかではないので，この程度のあてはめで十分でしょう

←取締役としての報酬分について

←論証

内容等に照らして上記規定の趣旨目的を没却するような特段の事情があると認められない限り，当該取締役の報酬の支払は株主総会の決議に基づく適法有効なものになるというべきである。

本問では，上記特段の事情がないので，事後的な決議でも許される。 ←あてはめ

(3) よって，1000万円についても，「法律上の原因」があり，不当利得に当たらない。

4 以上より，Xの請求は認められない。

第2 小問(2)について ←小問(2)について

1 まず，甲社とYとの間の任用契約において，報酬支払の定めがあったとしても，具体的な報酬請求権が認められるためには，定款又は株主総会の決議によって報酬の金額が定められる必要がある。361条は，取締役の報酬額について，取締役ないし取締役会によるいわゆるお手盛りの弊害を防止するために，これを定款又は株主総会の決議で定めることとし，株主の自主的な判断に委ねているからである。 ←論証
具体的な報酬請求権の発生時期（一般論）

では，本問のように株主総会決議によって報酬の総額が定められ，具体的な配分は取締役会に一任されている場合はどうか。

2 前提として，Yの請求が認められるためには，この決議が適法であることが必要である。 ←一任決議の可否

本来，取締役の報酬の決定は業務執行事項である。しかし，取締役に報酬の決定を任せた場合，お手盛りの危険性があり，会社の利益を確保できない。そこで，法はそのような弊害を防止するために，報酬額の決定を株主総会の決議事項としたのである。 ←論証

ここで，本事項の決定を取締役会に一任すれば，そのような趣旨が骨抜きになるから，原則として一任は認められない。もっとも，総額や上限を決めて，具体的配分を一任することは可能である。お手盛りの危険は防止できるからである。

本問では，取締役の報酬の総額が1億円と定められているから，上記決議は適法である。

3 しかしながら，本件において，甲社取締役会は一任を受けたにもかかわらず，決議を行っていない。 ←具体的な報酬請求権の発生時期（一任決議があった場合）

上記のように，361条はお手盛りの弊害を防止するために，報酬額を定款又は株主総会の決議で定めることとし，株主の自主的な判断に委ねている。そうだとすれば，具体的な配分について取締役会に一任された場合，取締役会決議時に具体的報酬請求権が発生すると考えるべきである。 ←論証

本問では，取締役会決議を経ていないため，具体的報酬請求権は発生していない。 ←あてはめ

4 以上より，Yの請求は認められない。

以 上

　　　甲株式会社（以下「甲社」という。）は，取締役会設置会社であり，監査役設置会社である。甲社取締役Yは，使用人も兼ねている。

　　　甲社は，従来，取締役の報酬を取締役会決議によって決定してきた。

　　　平成25年度，甲社は，Yに対し，使用人の給与として内規に基づいて年額300万円／取締役の報酬として取締役会決議で決定した額である年額1000万円を支払った。

　　　もっとも，甲社は，平成26年3月15日に開催された甲社定時株主総会において，甲社の設立時に遡って効力が生じる条件付決議として，取締役の報酬を年額1000万円（使用人兼務取締役の使用人分の給与を含めない）とする決議，及び平成26年度の取締役の報酬の総額を1億円とし，具体的配分を取締役会に一任する旨の決議がなされた。

　　　なお，具体的配分を決定する取締役会決議はなされていない。

　　　以上の事実関係を前提として，以下の各小問について，解答しなさい。

(1) 甲社監査役のXは，Yに対して，上記1300万円が不当利得に当たるとして返還を求める訴えを提起した。かかる請求は認められるかについて，論じなさい。　300+1000

(2) Yは，甲社に対して，平成26年度の報酬を請求することができるかについて，論じなさい。

第1. 小問(1)

1.

2. 300万円について，使用人分給与「報酬等」にあたるか
　　あたるなら，株主総会決議必要以上.「法律上の原因」なし
　　・361の趣旨 + 危険なし.
　　・資格の対価.　　・404Ⅲ.
　　くぶ〉あたらない

3. 1000万円について.
　　事後的な株主総会決議でもok なら,「法律上の原因」あり.
　　・361に趣旨.事後的でも果たせる
　　くぶ〉ok.

4. 全部 ×.

第2. 小問(2)

1.

2. 具体的配分を取締役会に一任する決議. 有効？
　　・総額について決議あれば. シ12と果たせる
　　くぶ〉ok

3. 発生時期は. 取締役会決議の時.

4. 請求 ×.

第1. 小問(1)

1. XのYに対する相1300万円の不当利得返還請求
（民法703条、704条）は認められるか。

2.(1) まず、Yが使用人の給与として内規に基づいて受領した
300万円について、返還請求ができるか。

　この点、Yは甲社の使用人兼務取締役であるところ、本件
の300万は使用人分の給与として受領したものであるところ、かかる
使用人分給与が取締役の「報酬等」（会社法（以下法令名
省略）361条1項本文）に該当するなら、その額について株主総会
決議を欠く以上、Yの受領には、「法律上の原因」がないこととなる。
そこで、使用人兼務取締役の使用人分給与が「報酬等」にあたるか。

(2) 361条1項の趣旨は、取締役が自由に報酬を決める、いわゆるお手
盛りによる会社財産流出の危険を回避する点にある。そうだと
すると、使用人分給与については、良社の内規等に従った給与体系に支払
われるものである以上、お手盛りの危険が少なく、趣旨が妥当しない。

　又、給与は資格の対価であり、取締役の「職務執行」の対価
である報酬と性質が異なる。

　さらに、404条の事が、使用人兼務取締役の使用人としての報酬内容の
決定を義務付けていることからすれば、それ以外の使用人分給与については特に
決定を要しない趣旨といえる。

　よって、使用人兼務取締役の使用人分給与は「報酬等」にあたらない
と解する。

(3) したがって、Yが内規に基づいて受領した300万については、「法律上の
原因」があり、返還請求はできない。

3.(1) 次に、Yが、平成25年度の取締役の「報酬」として、
本来必要な株主総会決議（361条1項）を経ることなく、取締
役会決議をもって受領した1000万円については、「法律上の原因」
がないものとして、返還請求ができないか。甲社では、平成26年
3月15日に開催された株主総会において、遡って効力が生じる決
議として、取締役の報酬を1000万円とする決議がなされている
ところ、かかる事後的な決議たるものであっても「決議」（361条）と
して有効かが問題となる。

(2) この点、361条1項の趣旨は、前述のとおりお手盛りによる会社財産
流出防止にあり、そのために、報酬額等について、株主の自主的決定
に委ねたものである。そうするならば、事後的にであれ、報酬額
等について、株主総会決議がなされるのであれば、株主の自主的
決定はなされたといえ、前記趣旨は果たされたといえる。

　よって、報酬額等について、株主総会の事後的決議がなさ
れた場合も、「決議」として有効と解する。

(3) それ故、本件でも、取締役の報酬を年額1000万円とする平成26
年の株主総会決議は、「決議」として有効であり、Yの1000万円の
受領には「法律上の原因」があるといえる。よって、Xは、1000万円
についても、Yに対し、返還請求できない。

4. 以上から、Xの前記請求は認められない。

122

第2. 小問(2)

1. Yは甲社に対し、平成26年度の報酬を請求することができるか。

2(1) まず、本件では、前述した平成26年3月15日の株主総会において、平成26年度の取締役の報酬について、取締役会に具体的配分を一任する旨の決議がなされているところ、かかる決議は有効か。無効であるならば、報酬請求権自体存在しないとも思え問題となる。

(2) 前述のように、361条の趣旨は、お手盛りによる会社財産流出防止にあり、取締役会に報酬の決定を全面的に委ねること（取締役の）はまさにお手盛りの危険があるので許されない。

もっとも、報酬の総額について、株主総会決議がなされた場合それ以上の会社財産の流出は防止できるので、具体的配分のみを取締役会に一任することは前記361条の趣旨に反せず、許されるものと解する。

(3) 本件につき見るに、さらに、前記総会では、平成26年度の取締役の報酬の総額を1億円とし、具体的配分のみを取締役会に一任する旨の決議がなされているのだから、かかる決議は許され、有効といえる。

3. そうだとしても、本件では、具体的配分を決定する取締役会決議はなされていないところ、かかる場合でも、Yは、甲社に報酬請求ができるか。

この点、報酬の具体的配分が取締役会に委ねられている場合、具体的な報酬額が決定しない段階では、会社は、請求に対し、いくら支払えばよいかがわからない。＊報酬請求権の発生時期は、具体的配分を決める取締役会決議のあった時となると解する。（支払義務が）

よって、取締役会決議のない段階では、Yは、甲社に対し、前記も請求をすることはできない。

以上

　①甲株式会社（以下「甲社」という。）は取締役会を設置しない会社であり，その代表取締役はAである。甲社の取締役には，Aの他には，B及びCが登記されている。もっとも，②Bは，数年前に取締役を退任しており，退任登記をしない旨のAの頼みに応じたため，そのままにしているだけである。また，③CはAの母親であり，税金対策で選任されているにすぎず，実際の経営には携わっていない。

　甲社は，以前から食品販売業を展開していたが，新たに食品の宅配サービスを提供することとした。同サービスは，提供する食材の質が高く，通常では考えられないような低価格での提供が自ら買物に行けない高齢者を中心に好評を博し，順調な売行きであった。

　しかし，その後，④甲社の食品宅配サービスの中で食材を使い回していることが発覚し，甲社の売上げは急激に下落したことで，甲社は倒産寸前の状況に陥った。なお，⑤食材の使い回しは，Bが退任した後になって，Aが独断で指示をしたものである。

　これにより，⑥甲社に対して食材の提供をしていた乙社は，食材の売掛代金について回収することが困難となった。

　⑦乙社は，A，B及びCに対して，それぞれ会社法第429条第1項に基づく損害賠償請求をした。⑧これらの請求が認められるかについて，論じなさい。

出題論点

問題処理のポイント

　本問は，機関の分野から取締役の第三者に対する責任についての理解を問うものです。取締役の第三者に対する責任は，取締役の会社に対する責任と並んで頻出の分野です。

　司法試験や予備試験では，役員等のそれぞれの地位や職種等の事情から，任務懈怠，因果関係等の要件を詳細に論じさせる問題が出題されています。特に，「任務懈怠」の要件については，問題となった行為が行われた当時において，誰がどのような行動をとるべきだったのかという点を具体的な事実に基づいて認定するように

心がけてください。

■ **答案作成の過程**

1 論述の方向性

本問では，⑦「乙社は，A，B及びCに対して，それぞれ会社法第429条第1項に基づく損害賠償請求をした」として，請求の法的根拠が記載されていますので，同項の要件を1つ1つ検討していけば足ります。

同項は，「役員等がその職務を行うについて悪意又は重大な過失があったときは，当該役員等は，これによって第三者に生じた損害を賠償する責任を負う。」と定めています。もっとも，同項の要件解釈（「悪意又は重大な過失」の対象，「第三者」の範囲，「損害」の範囲）については，会社法429条の法的性質とも関連して，学説上対立があります。

判例は，「法は，株式会社が経済社会において重要な地位を占めていること，しかも株式会社の活動はその機関である取締役の職務執行に依存するものであることを考慮して，第三者保護の立場から，取締役において悪意または重大な過失により右義務に違反し，これによって第三者に損害を被らせたときは，取締役の任務懈怠の行為と第三者の損害との間に相当の因果関係があるかぎり，会社がこれによって損害を被った結果，ひいて第三者に損害を生じた場合であると，直接第三者が損害を被った場合であるとを問うことなく，当該取締役が直接に第三者に対し損害賠償の責に任ずべきことを規定したのである。」と述べ，いわゆる法定責任説に立っています（最大判昭44.11.26【会社法百選66】）。

法定責任説の立場からは，「悪意又は重大な過失」については，「任務懈怠につき取締役の悪意または重大な過失を主張し立証しさえすれば，自己に対する加害につき故意または過失のあることを主張し立証するまでもな」いとされています。

損害の範囲については，「会社がこれによって損害を被った結果，ひいて第三者に損害を生じた場合であると，直接第三者が損害を被った場合であるとを問うことなく」（以上，前掲最大判昭44.11.26【会社法百選66】）認められると解されています。前者が間接損害，後者が直接損害に当たるのですが，直接損害・間接損害の意義や範囲，その関係性については学説上議論があります。

本問では，④⑥甲社が倒産寸前の状況に陥った結果，乙社が食材の売掛代金について回収することが困難となったという関係にありますので，間接損害に当たりますが，これも賠償請求の対象となります。

なお，本問には関係がありませんが，「第三者」の範囲については，株主も含むかという形で争われています。この点については，「第三者」には株主も含むものの，株主は間接損害については賠償請求をすることができないと解するのが下級審判例の傾向です（東京地判平8.6.20，東京高判平17.1.18）。

II 会社法 ▼ 第13問

125

以下では，以上の要件解釈を前提として，⑧Ａ，Ｂ及びＣに対して賠償請求をすることができるのか，検討していきます。

2　Aに対する請求

　①代表取締役Ａは，食材の使い回しを独断で指示していますので，任務懈怠があること，それについて少なくとも「重大な過失」があることは明らかです（「悪意」であると認定してもよいでしょう。）。厳密にいうと，任務懈怠の内容は，食材の使い回しが直接食品衛生法等に違反するのであれば，「法令」「遵守」義務違反（会社法355条）となり，そうではない場合には，一般的な善管注意義務・忠実義務違反となりますが，本問では，問題文に詳細な事実が挙げられていませんので，そこまで詳しく検討する必要はないでしょう。

　また，任務懈怠と乙社の損害との因果関係も明確です。

　Ａが賠償義務を負担することに，特に問題はありません。

3　Bに対する請求

1　退任取締役

　次に，Ｂの任務懈怠責任について検討します。

　そもそも，②Ｂは，数年前に取締役を退任しており，⑤食材の使い回しを指示した時点では，取締役としての地位を失っていました。そのため，そもそも「役員等」（会社法429条1項）に当たらないのが原則です。

　もっとも，②Ｂは，取締役退任後も，Ａからの依頼を受けて退任登記をしない旨を承諾しています。このことからすれば，Ｂが責任を負う余地もありそうです。

　では，このような退任取締役の責任についてどのように考えるべきでしょうか。

　判例は，「株式会社の取締役を辞任した者は，辞任したにもかかわらずなお積極的に取締役として対外的又は内部的な行為をあえてした場合を除いては，辞任登記が未了であることによりその者が取締役であると信じて当該株式会社と取引した第三者に対しても，商法……266条ノ3第1項前段（注：現会社法429条1項）に基づく損害賠償責任を負わないものというべきである（最高裁昭和……37年8月28日……判決……参照）が，右の取締役を辞任した者が，登記申請権者である当該株式会社の代表者に対し，辞任登記を申請しないで不実の登記を残存させることにつき明示的に承諾を与えていたなどの特段の事情が存在する場合には，右の取締役を辞任した者は，同法14条（注：現会社法908条2項）の類推適用により，善意の第三者に対して当該株式会社の取締役でないことをもって対抗することができない結果，同法266条ノ3第1項前段にいう取締役として所定の責任を免れることはできないものと解するのが相当である。」として，退任取締役が積極的に対外的・内部的な行為をあえてした場合と，そうでなくても退任登記を申請することなく不実登記を残存させることに明示的承諾を与えていた場合には，会社

法908条2項の類推適用によってその責任を負うと判示しました（最判昭62.4.16【会社法百選68】。ただし，本判決が引用する昭和37年判決は，商業登記の一般的効力を定める旧商法12条（現会社法908条1項）の適用を問題とし，退任により取締役の権利義務を有しなくなった者が，職務行為と認めるべき行為を行わないのは当然かつ正当であるので，行為を行わなかったこと自体，任務懈怠ではないことから，たとえ退任登記前でも，その者に対し旧商法266条ノ3の規定を適用できないと判示しているところ，本判決が示す旧商法14条の類推適用構成との関係が必ずしも明らかではないと指摘されています）。

　　この判例によれば，本問では，②「Bは，……Aの頼みに応じた」とされているので，明示的な承諾があったものと考えてよいでしょう。

2　要件検討

(1)　任務懈怠

　　Bは具体的な職務執行は行っていませんので（辞任している以上当然ですが），任務懈怠の内容は，Aに対する監視監督義務違反ということになるでしょう。

　　監視監督義務の法的根拠は，取締役会設置会社においては，会社法362条2項2号に求められます（最判昭48.5.22【会社法百選67】参照）が，甲社は取締役会非設置会社であるから，善管注意義務（会社法330条，民法644条），忠実義務（会社法355条）が法的根拠ということになるでしょう。

　　本問でも，Bは，Aの食材の使い回しについて監視すべき義務があったといえるでしょう。

　　なお，本問は既に取締役を退任している事案なので，他の取締役を監視するといっても現実問題としてどのように監視するのかという問題は残ります。また，それだけでなく本問は，下記のように，Bの退任後にAが独断で食材の使い回しを指示していた事案です。そのため，BにとってAの行為は予見できず，監視義務を果たすことは不可能だったとして，監視義務の存在を否定することも可能であるように思われます。

(2)　因果関係，過失

　　もっとも，本問は，⑤Bが退任した後にAが独断で食材の使い回しを指示していた事案ですので，Bが損害発生に因果関係を持つことはありません。また，Bは，Aの行為を予見することはできなかったとして，過失が否定されるという考え方もあり得るでしょう。

　　いずれにしても，Bが責任を負うことはありません。

4　Cに対する請求

　　③「CはAの母親であり，税金対策で選任されているにすぎず，実際の経営には携わっていない。」という事情があるため，いわゆる名目的取締役です。

Ⅱ　会社法　▼　第13問

名目的取締役であっても，「役員等」として責任を負う可能性があることについては判例・学説上争いがありません。判例は，「株式会社の取締役は，会社に対し，取締役会に上程された事項についてのみならず，代表取締役の業務執行の全般についてこれを監視し，必要があれば代表取締役に対し取締役会を招集することを求め，又は自らそれを招集し，取締役会を通じて業務の執行が適正に行われるようにするべき職責を有するものである（最高裁昭和……48年5月22日……判決……）が，このことは，……会社の内部的事情ないし経緯によっていわゆる社外重役として名目的に就任した取締役についても同様であると解するのが相当である。」としています（最判昭55.3.18）。

　ただし，近時の裁判例は，直ちに監視監督義務違反を理由として損害賠償責任を認めているわけではありません。

　例えば，東京地判平8.6.19は，代表取締役のワンマン会社である事案について，名目的取締役が監視監督義務を果たしたとしても，代表取締役の行為を阻止することは著しく困難であったとして，因果関係を否定しています。

　本問では，具体的な事実関係が明らかではありませんが，Cの上記立場からすれば，監視監督義務を果たしたとしても，Aの行為を阻止することは著しく困難であると認定することは十分可能でしょう。

　このように考えた場合には，Cは損害賠償責任を負わないという結論になります。

第1　Aに対する請求
1　第三者責任（会社429 I）の要件
　　①「役員等」に，②任務懈怠があること，③悪意又は重過失，④「損害」，
　⑤因果関係
2　「役員等」（①），任務懈怠（②）は認められる
　　③悪意又は重過失の有無
　　　↓
　　会社法429条の法的性質
　　　↓
　　法定責任説
　　　↓
　　悪意又は重過失とは，任務懈怠についての悪意・重過失
　　　↓
　　あてはめ
　　　↓
　　「損害」（④），任務懈怠と損害の因果関係（⑤）
3　Aに対する請求は認められる

第2　Bに対する請求
1　Bは甲社取締役を退任しており，①「役員等」に当たらず，責任を負わな
　いのが原則
　　　↓
　　虚偽の外観を作出するに関与していると評価できるような特段の事情がな
　い限り，退任した取締役は責任を負わない（会社908 II 類推）
　　　↓
2　あてはめ
3　⑤因果関係なし，請求は認められない

第3　Cに対する請求
1　Cは，名目的取締役だが①「役員等」に当たる
2　善管注意義務又は忠実義務の一内容として，監視監督義務を負う
　　　↓
　　②任務懈怠，③悪意又は重過失あり
3　⑤因果関係なし，請求は認められない

第1　Aに対する請求

1　会社法（以下，法令名省略。）429条1項責任の要件は，①「役員等」，②任務懈怠，③悪意又は重過失，④「損害」，⑤因果関係である。

2(1)　まず，Aは甲社代表取締役であり，「役員等」に当たる（①充足）。

(2)　次に，甲社は食品宅配サービスを行っていたのであり，食材の使い回しは，食品衛生法に違反する可能性があるし，そうではないとしても，衛生上不適切である。

　　　にもかかわらず，それを指示していたAには任務懈怠が認められる（②充足）。

(3)　次に，③悪意又は重過失の有無についてであるが，その対象をどのように考えるべきか。この点は，429条1項の法的性質と関連する。

　　　株式会社では取締役に経営が任されているから，取締役に放漫経営をされた場合，会社倒産に伴う会社債務の履行不能，その他の損害が生じる。現代における株式会社の果たす社会的役割，規模を考慮すると，損害が発生した場合の社会的影響はあまりにも大きい。

　　　そこで，429条1項は，この点を考慮し，法が株式会社の役員らに課した特別の責任であると考える。

　　　このような同項の法的性質に鑑みれば，悪意又は重過失とは，任務懈怠についての悪意・重過失を意味すると解すべきである。

　　　本問では，Aは自ら食材の使い回しの指示を出していたのであるから，任務懈怠について悪意である（③充足）。

(4)　そして，乙社に発生した損害は，食材の売掛代金について回収することが困難になったことであるところ，これは，甲社が倒産寸前の状況に陥ったことに起因するものである。上記のような同項の法的性質，「損害」には何ら限定がないことからすれば，このような間接損害もこれに含まれる。また，Aがそのような指示を行わなければ，甲社の売上げが急激に下落し，甲社が倒産寸前の状況になることもなかったといえるから，任務懈怠と「損害」の因果関係も認められる（以上，④，⑤充足）。

3　したがって，Aに対する請求は認められる。

第2　Bに対する請求

1　Bは既に甲社取締役を退任しており，取締役を辞任した者については，①「役員等」に当たらず，責任を負わないのが原則である。実際，退任の登記を申請するのは会社であり，それがされていないことを放置しただけで外観の作出に関与したとはいえないから，責任を負わせることはできない。

　　　もっとも，退任後も積極的に取締役としての行為を行った場合や，会社代表者に退任登記を申請しないことに明示的に

右段：

← Aに対する請求

← 429条1項の要件

← 問題ない要件については簡単に認定しました

← 悪意又は重過失
← 429条1項の法的性質

■論証

← 悪意又は重過失の対象

← 因果関係，損害

← Bに対する請求
← 原則の指摘

■論証
例外

承諾をした場合など，虚偽の外観を作出するに関与している
と評価できるような特段の事情がある場合には，退任した取
締役も責任を負う余地がある。この場合は，908条2項類推
適用により善意の第三者に対し，「役員等」でないことを対
抗できないと解されるからである。

2　Bは，Aの頼みに従い，退任登記を申請しないことに明示
的に承諾をしている。

　　したがって，虚偽の外観の作出に関与したといえるため，
908条2項類推適用により，乙社が善意である限り，「役員等」
でないことを対抗できないと解する。

3　しかし，Aの食材の使い回しの指示は，Bが退任した後に
行われたものであるから，Bの任務懈怠（監視監督義務違反，
下記第3参照）が，上記損害発生について⑤因果関係を有す
ることはない。 <!-- annotation --> ←因果関係を否定しました　そのため，監視監督義務については，Cに対する請求の中で論じました

　　したがって，Bに対する請求は認められない。

第3　Cに対する請求 ←Cに対する請求

1　Cは，Aの母親であり，税金対策で選任されているにすぎ
ず，実際の経営には携わっていないいわゆる名目的取締役で
ある。もっとも，名目的取締役であったとしても，①「役員
等」であることに変わりはない。業務への不関与が免責事由
となれば，業務に怠慢であればあるほど責任を負わないこと
になって不合理だからである。 ←名目的取締役

2　また，各取締役は善管注意義務（330条，民法644条）又は
忠実義務（355条）の一内容として，監視監督義務を負う。 ■論証　監視監督義務の範囲

　　そして，Cは，Aの食材の使い回しの指示について何ら対
応することなく，かかる監視監督義務を怠っていたのであり，
②任務懈怠，それについての③悪意又は重過失は認められる。

3　もっとも，名目的取締役にすぎないCが監視監督義務を果
たしていたとしても，Aの行為を阻止することは著しく困難
であり，損害の発生を防止することはできなかったものと思
われる。 ←ここでも因果関係を否定しました

　　したがって，任務懈怠と損害との間の⑤因果関係が認めら
れず，Cに対する請求は認められない。

以　上

　甲株式会社（以下（甲社）という。）は取締役会を設置しない会社であり、その代表取締役（A）である。甲社の（取締役）には、Aの他には（B及びC）が登記されている。もっとも、（B）は、数年前に取締役を退任しており、退任登記をしない旨のAの頼みに応じたため、そのままにしているだけである。また、CはAの母親であり、税金対策で選任されているにすぎず、実際の経営には携わっていない。

　甲社は、以前から食品販売業を展開していたが、新たに食品の宅配サービスを提供することとした。同サービスは、提供する食材の質が高く、通常では考えられないような低価格での提供が自ら買物に行けない高齢者を中心に好評を博し、順調な売行きであった。

　しかし、その後、甲社の食品宅配サービスの中で食材を使い回していることが発覚し、甲社の売上げは急激に下落したことで、甲社は倒産寸前の状況に陥った。（なお）食材の使い回しは、Bが退任した後になって、（A）が独断で指示をしたものである。

　これにより、甲社に対して食材の提供をしていた乙社は、食材の売掛代金について回収することが困難となった。

　（乙社は、A）B及びC）に対して、それぞれ会社法第４２９条第１項に基づく（損害賠償請求）をした。これらの請求が認められるかについて、論じなさい。

1　Aについて考えると

(1) 429

① 「役員等」→代取、OK

② 「職務を行うについて」悪意又重過失

③ 「損害」→間接OK　　　　429　趣旨、債権者保護っていいのか〜
　　　　　　　　　　　　　　　　　　　　　└法令違反含む（355）
④ 「よって」→OK　　　　　　　　　　　　　　→OK

(2) OK

2　B

(1)

① →退任 → 未登記アリ →「役員」OK

② 監督義務イシン（366→非上場もⅢⅡ②アリ）

③ OK

④ 軽過失、ナリ　　　　(2) ✕

3　C

(1)

① →名目　→OK

② 同上

③ OK

④ A独断、ナリ

(2) ✕

合格者の答案例

1 Aに対する請求

(1) 甲社はAに対し、会社法（以下法令名省略）429条1項に基づく損害賠償請求を行うと考えられる。

(2)ア まず、Aは甲社の代表取締役であるため、「役員等」にあたる。

イ ここで、429条1項は役員等の職責の重要性に鑑み、特別に設けられた法定責任である~~と解する~~。そこで、「職務を行うについて悪意又は重大な過失」とは、任務懈怠とそれについての悪意又は重大な過失~~を意味する~~。で足りると解する。そして、法令遵守義務~~そこで本件についてみると、Aの独断による指示で甲社の食品宅配サービスの中で食材を使い回して違反したため~~違反については（355条）、上記職責の重要性から、業務上遵守すべき全ての法令が「法令」に含まれる。

そこで本件についてみると、Aの独断による指示~~で~~によって甲社の食品宅配サービスの中で食材を使い回しており、食品衛生法等に違反する。同法は食品販売業を営む上で遵守すべき法令であるため、「法令」に含まれ、これに反するAの指示は任務懈怠を構成する。そして、一般人の視点からみても食品の使い回しは法に反することが明らかであって、上記指示は任務懈怠についての悪意が認められるといえる。

よって、「職務を行うについて悪意」の要件をみたす。

ウ 上記職責の重要性から、「損害」には間接損害も含まれると解する。そこで、本件では上記指示により食材の使い回しが発覚し、甲社の売上げが急激に下落したことで、甲社は倒産寸前の状況に陥った。したがって、上記指示が間接的に甲社を倒産寸前の状況に追い込んだといえ、売上げの下落という間接損害が認められる。よって、「損害」の要件をみたす。

エ また、上述の通り上記指示と売上げ下落には因果関係が認められ、「よって」の要件をみたす。

(3) 以上より、下落した売上げ分について、Aに対する上記請求は認められる。

2 Bに対する請求

(1) 甲社はBに対し、A同様の損害賠償請求を行うと考えられる。

(2)ア Bは~~既に~~すでに甲社取締役を退任しているため、「役員等」にあたらないのが原則である。~~もっとも~~また、退任登記を行うのは会社であるから、908条2項を直接適用することはできない。もっとも、虚偽の外観を作出するに関与していると評価できるような特段の事情がある場合、不実の登記作出に積極的に関与したといえ、権利外観法理を定めた同項の趣旨に合致する。よってかかる場合には、同項を類推し、退任取締役も「役員等」として責任を負う。

イ 本件で、Bは退任登記をしない旨のAの頼みに応じており、明示的な承諾があったといえる。よって、虚偽の外観作出に関与していると評価できる特段の事情が認められ、Bは「役員等」にあたる。

ウ 各取締役は取締役会の招集権限を有する（366条1項

~~ウ 各取締役は取締役会の招集権限を有する（366条1項~~

※ア）ため、取締役の監視・監督義務（362条2項2号）は非上程
事項にも及ぶ。

それで、Bは取締役を辞任しているものの、登記されている以上
Aが不正な業務を行っていても監視・監督する義務があり、これ
に反しているので、これを怠っているため、Bにも任務懈怠がある。
よって、1項柱書き、ここにいう「任務を怠った」といえ、「職務を
行うについて無過失重大な過失」が認められる。

ウ さらに、上記と同様「損害」がある。

エ もっとも、AはBの退任後も長年にわたり上記権限を行っており、
Bが監視・監督義務を果たしたとしても未然に食い止めることは
不可能であったと考えられる。よって、因果関係が認められ
ない（「よって」）。
(3) 以上より、上記請求は認められない。

3 Cに対する請求
(1) 上記と同様の報酬路借損害賠償請求を行うと考えられる
(2) ア CはAの母親であり、親会社で取締役に選任されて
いるにすぎず、実際の経営には携わっていない。このような名目上
の取締役であっても、登記がなされている以上、取締役として
の事務を行う責任があり、「役員等」に含まれる。よって、Cは
「役員等」といえる。
イ また、CもBと同様、取締役としての監視・監督義務を負うところ、
これに違反している。よって、1項柱書にそれについての重過失が

あるといえ、「職務を行うにつき……重大な過失」が認められる。
ウ さらに、上記と同時損害を認められる。
エ もっとも、Bと同様、監視・監督義務を果たしたとしても実効的に
Aのサイ経営を行っていたことから上記損害を食い止めることは
不可能であったといえる。よって因果関係がなく、「よって」のタイトを
みたさない。
(3) 以上より、Cに対する上記請求は認められない。

以上

第 **14** 問

①甲社は会社法上の公開会社である。

②甲社の代表取締役であるAは，反対派株主の持株比率を低下させることを目的として，Bに対して大量の甲社新株を発行しようと考えた。

そこで，③Aは，取締役会決議を経たが，取締役会決議の開催に当たり，反対派の取締役には招集通知を発しなかった。

その後，新株がBに発行されたため（以下「本件株式発行」という。），④既存株主Cは，Bへの募集株式発行無効の訴えを適法に提起した。

⑤Cの訴えが認められるかについて，論じなさい。

なお，⑥本件株式発行後も，Bの持株比率は50％を下回っているものとする。

出題論点

- 募集株式の発行の無効原因〜意義 ································· **A**
- 募集株式の発行の無効原因〜公開会社における取締役会決議を欠く募集株式の発行 ··········· **A**
- 「著しく不公正な方法」（210②）の意義 ······················· **A**
- 募集株式の発行の無効原因〜著しく不公正な方法による発行 ············· **A**

問題処理のポイント

　本問は，資金調達の分野から，募集株式の発行に関する理解を問う問題です。

　募集株式の発行は，司法試験・予備試験において頻出の分野の1つです。この分野をマスターするためには，(a)それぞれの類型ごとの手続を押さえること，(b)既存株主が採り得る手段を押さえること，(c)募集株式発行無効の訴えに関わる判例（ほとんどの判例が旧商法下で出されたものですので，その射程も検討すべきです。）を押さえることが重要です。

答案作成の過程

1 論述の方向性

　本問では，④既存株主Cは，Bへの募集株式発行無効の訴えを適法に提起しており，⑤この訴えが認められるかが問われていますので，会社法828条1項2号の要件を検討することになります。

　もっとも，同条は，どのような場合に募集株式の発行が無効になるのか定めて

いません。

そこで，まず，この点を解釈によって明らかにしなければなりません。

募集株式発行の無効原因は，重大な法令・定款違反に限定するのが一般です。判例も，直接的に述べているわけではありませんが，無効となる場合を限定的に解しており，同様の立場に立つものと思われます。

そこで，本問において，このような重大な法令・定款違反が認められるのか，検討していきます。

本問で，無効原因となりそうな事情は，(a)②「甲社の代表取締役であるAは，反対派株主の持株比率を低下させることを目的として，Bに対して大量の甲社新株を発行しようと考えた」点，(b)③「Aは，取締役会決議を経たが，取締役会決議の開催に当たり，反対派の取締役には招集通知を発しなかった」点の2点です。

なお，平成26年会社法改正により，本件株式発行後のBの持株比率が50％を超える場合には，株主への通知又は公告をし，持株比率10％以上の株主が反対する旨の通知をしたときには，普通決議が必要になります（会社法206条の2第1項から4項）。

もっとも，本問では，⑥「本件株式発行後も，Bの持株比率は50％を下回っているものとする」とされていますので，この点について考える必要はありません。

2 (a)について

1 不公正発行該当性

②本件株式発行は，反対派株主の持株比率低下を狙ったものです。このような発行は，「当該株式の発行又は自己株式の処分が著しく不公正な方法により行われる場合」（不公正発行，会社法210条2号）に当たります。

「著しく不公正な方法により行われる」募集株式の発行か否かは，下級審判例によって，特定株主の持株比率を低下させる等の目的が資金調達等の他の目的に優越し，それが主要目的といえる場合には，不公正発行に当たるとする，いわゆる主要目的ルールが確立しています（東京地決平元.7.25，東京高決平16.8.4【会社法百選96】など）が，本問は，不公正発行に当たることが明らかな場合ですので，そこまで詳細に論じなくてもよいでしょう。

2 無効原因に当たるか

では，不公正発行であることは，募集株式発行の無効原因となるのでしょうか。

この点について，旧商法下の判例は，「新株発行は，株式会社の組織に関するものであるとはいえ，会社の業務執行に準じて取り扱われるものであるから，右会社を代表する権限のある取締役が新株を発行した以上，たとい，新株発行に関する有効な取締役会の決議がなくても，右新株の発効が有効であることは，当裁判所の判例（最高裁昭和……36年3月31日……判決……）の示すところである。この理は，新株が著しく不公正な方法により発行された場合であっても，異なる

ところがないものというべきである。また，発行された新株がその会社の取締役の地位にある者によって引き受けられ，その者が現に保有していること，あるいは新株を発行した会社が小規模で閉鎖的な会社であることなど……の事情は，右の結論に影響を及ぼすものではない。けだし，新株の発行が会社と取引関係に立つ第三者を含めて広い範囲の法律関係に影響を及ぼす可能性があることにかんがみれば，その効力を画一的に判断する必要があり，右のような事情の有無によってこれを個々の事案ごとに判断することは相当でないからである。」として，無効原因には当たらないと判示しました（最判平6.7.14【会社法百選100】）。

問題は，この判例が会社法下において妥当するのか否かですが，少なくとも公開会社には妥当すると解するのが一般的な見解です。①甲社は公開会社ですので，この一般的な見解によれば，不公正発行であることは，募集株式発行の無効原因とはなりません。

なお，非公開会社では，募集株式の発行には，株主総会による特別決議が要求され（会社法199条2項，309条2項5号），これを無視して発行した場合には，無効原因を構成すると解するのが判例の立場ですので（最判平24.4.24），この問題点が顕在化すること自体があまり考えられません。

3 (b)について

1 取締役会決議の瑕疵

本件株式発行に当たり，③Aは，取締役会決議（会社法201条1項，199条2項）を経ているものの，反対派の取締役に招集通知が漏れています。

招集手続に瑕疵があった場合，その取締役が出席してもなお決議に影響がないと認めるべき特段の事情がない限り，取締役会決議は無効になると解するのが判例です（最判昭44.12.2【会社法百選62】）。

この特段の事情の範囲については学説上争いがありますが，本問においてはこのような事情は認められない以上，この点についても詳細に論じる必要はありません。取締役会決議は無効であるという前提で検討を進めます。

2 無効原因に当たるか

前掲最判平6.7.14【会社法百選100】が引用している最判昭36.3.31は，有効な取締役会決議を欠いた場合でも，無効原因を構成しないと判示しました。

この判例も，少なくとも公開会社には妥当すると解するのが一般的な見解ですので，この点も無効原因を構成しないという結論になります。

4 結論

以上から，本件株式発行には無効原因は存在しませんので，⑤Cの訴えは認められません。

1 Cは，募集株式発行無効の訴え（会社828Ⅰ②）を提起

2 募集株式の発行の無効原因

重大な法令・定款違反に限る

3 本問で無効事由になり得るのは，
①取締役会決議に無効原因がある点
②不公正発行である点
(1) ①について
反対派取締役への取締役会の招集通知（会社368Ⅰ）漏れは，特段の事情がない限り，一般原則により決議の無効原因となる

公開会社における取締役会決議を欠く募集株式の発行

有効説

無効原因とならない
(2) ②について
反対派株主の持株比率低下が主要目的と考えられ，「著しく不公正な方法」（会社210②）に当たる

著しく不公正な方法による発行
↓
有効説
↓
無効原因とはならない
4 ①②はいずれも無効原因とならない
↓
Cの訴えは認められない

1　Cは，募集株式発行無効の訴え（会社法（以下，法令名省略。）828条1項2号）を適法に提起しているが，無効原因は法定されていないから，いかなる事由が無効原因となるか検討する。　　　　　　　　　　　　　　　　　　　　　　　　　　←無効原因の解釈

2　募集株式の発行は利害関係人が多数発生するから，その効力については法的安定性を重視すべきである。のみならず，募集株式の発行は，取引的行為の色彩が強いから，取引の安全を可及的に保障すべきである。　　　　　　　　　　　　　←**論証**

　　したがって，無効の主張はできるだけ制限するべきである。具体的には，無効原因は重大な法令・定款違反の場合に限ると考える。

3　本問において無効事由になり得るのは，①取締役会決議に無効原因がある点，②「著しく不公正な方法」による発行（不公正発行，210条2号参照）である点である。

(1)　①について

　ア　本問では取締役会（201条1項，199条2項）の招集に当たり，反対派の取締役に招集通知がなされていない（368条1項）。取締役会決議の瑕疵を争う手段は法定されていないから，瑕疵ある決議は，原則通り無効とするのが法の趣旨であると解される。そのため，原則として取締役会決議は無効となると解される。仮に，その取締役が出席してもなお決議に影響がないと認めるべき特段　　←取締役会決議の瑕疵　　前提論点にすぎないので，短めに論じました

　　の事情があれば別だが，本問ではそのような事情は認められない。

　イ　それでは，取締役会決議に無効原因があることは，募集株式発行の無効原因となるか。　　　　　　　　　　　←取締役会決議が無効であることが，無効原因を構成するか

　　　公開会社においては，募集株式の発行は業務執行行為に準じるものと考えられるから，取締役会決議が無効であることは，あくまで内部事情にすぎない。そうだとすれば，利害関係人の保護が優先されるべきである。　　←**論証**

　ウ　したがって，重大な法令違反には当たらず，募集株式発行の無効原因とならない。

(2)　②について

　　　本問では反対派株主の持株比率低下を狙い，新株発行がなされている。本問では資金調達需要がうかがわれない以上，これが新株発行の主要な目的であると考えられ，不公正発行に当たる。　　　　　　　　　　　　　　　　　←不公正発行該当性　　不公正発行に当たることが明らかなので短めに論じました

　　　そこで，このような不公正発行による株式発行が無効原因にならないか。　　　　　　　　　　　　　　　　　←不公正発行であることが無効原因を構成するか

　　　上記のように，公開会社においては，募集株式の発行は業務執行行為に準じるものと考えられるから，不公正発行であることも内部事情にすぎないとみるべきである。また，既存株主には事前差止めの機会も与えられているから，事後的な無効主張を認める必要性は高くない。　　　←**論証**

そうだとすれば，利害関係人の保護により重点を置いて考えるのが妥当である。
　　したがって，重大な法令違反には当たらず，無効原因とはならない。
4　以上のとおり，①②はいずれも募集株式発行の無効原因とならない。
　　よって，Cの訴えは認められない。

以　上

甲社は会社法上の公開会社である。

甲社の代表取締役であるAは、反対派株主の持株比率を低下させることを目的として、Bに対して大量の甲社新株を発行しようと考えた。

そこで、Aは、取締役会決議を経たが、取締役会決議の開催に当たり、反対派の取締役には招集通知を発しなかった。

その後、新株がBに発行されたため（以下「本件株式発行」という。）、既存株主Cは、Bへの募集株式発行無効の訴えを適法に提起した。

Cの訴えが認められるかについて、論じなさい。

なお、本件株式発行後も、Bの持株比率は５０％を下回っているものとする。

Ⅱ 会社法 ▼ 第14問

第1. 無効原因（一般論）

重大な法令・定款違反．

第2. ① 反対派株主の持株比率低下を目的とする点

1. 不公正発行といえるか（210②）

→ ○

2. 不公正発行が無効原因と何か～る？ 重大なる法令違反か？

→ ~~なる~~ ✕

第3. ② 取締役会決議の開催にあたり、反対派取締役に招集通知を発しなかった．

1. 368Ⅰ違反． 取締役会決議は無効？

→ 無効

2. 公開会社など、総会決議欠くことが、重大な法令違反か？

→ ✕

第4. 認められない．

141

第1. この募集株式発行の無効の訴え（○○会社法（以下法令名省略）
828条1項2号）は認められるか。そもそも無効原因につき明文規定
がなく、これをいかに解するかが問題となる。

この点、募集株式発行が（いったん）行われると、これを基礎として
多数の利害関係人を生ずるから、法的安定性を確保すべく、無効原
因は、狭く解すべきと考える。

そこで、重大な法令・定款違反がある場合に、無効原因となる
と解する。

本件で、無効原因たりうるのは、① 本件株式発行（は、Aが
反対派株主の持株比率を低下させることを目的として行ったものであること、
② 本件株式発行を決する取締役会決議の開催にあたり、反対派の
取締役に招集通知を発しなかったこと、の2点と考えられる。これ
らは重大な法令・定款違反といえるか。以下、検討する。

第2. ① について。

1. 反対派株主の持株比率を低下させることを目的として行われた
本件株式発行は、不公正発行（210条2号）にあたり、無効原因
たりうるのではないか。

この点、不公正発行にあたるか否かは、特定の株主の持株比率
低下を主たる目的とするか否かにより判断すべきと解する。

そうだとすると、本件株式発行は、反対派株主の持株比率低下
を主目的とするので不公正発行にあたる。

2. そうだとしても不公正発行は、重大な法令違反といえるか。

この点、不公正発行にあたるか否かの基準は必ずしも明確とはいえないこと、既存の
株主には、差止め（210条）の機会が与えられていること等
からすれば、利害関係人の保護を図りうる
ことからすれば、利害関係人の保護を優先すべきといえる。

そうであるとすれば、あくまで、内部的な瑕疵にすぎないもの
として重大な法令違反にはあたらないと解すべきである。

3. よって、① については、無効原因とならない。

第3. ② について。

1. 取締役会決議に際し、反対派の取締役に招集通知
を発しなかったことは、368条1項に反し招集手続の瑕疵といえる。
それでは、かかる瑕疵により、取締役会決議は無効となるか。

368条1項の趣旨は、取締役会において、職務について事柄（330条）
そうけた取締役全員の（全員審議とし）討議により、業務
執行についての意思決定等（362条2項各号参照）をなさしめようとする点にある。

かかる趣旨に鑑みれば、招集手続の瑕疵がある取締
役会決議は、手続の瑕疵により欠席した取締役が仮に出席したこと
としても、決議に影響を及ぼさなかったと認められる特段の事情が
ない限り、無効となると解する。

本件では、前記と特段の事情を基礎づける事実は特になったので、
取締役会決議は無効となる。

2. そうだとしても、公開会社である甲社において、募集株式発行

に際し、いったん必要とされる取締役会決議（201条1項、199条3項）を欠いていたことが、重大な法令違反といえるか。

　この点、取締役会決議がなされなかった瑕疵は、あくまで会社の内部的事項といえる。また、会社ないし株主に損害が生じた場合には、既存株主は、取締役の損害賠償責任を追及することができ（847条、429条）、その保護を図りうる。

　そこで、公開会社において取締役会決議を欠くことは、重大な法令違反とはいえないと解する。

3、　よって、②についても、無効原因とはならない。

第4.　以上から、しの訴えは認められない。

　　　　　　　　　　　　　　　　　　以上

　甲株式会社（以下「甲社」という。）は，ボールペンやノートブック等の製造・販売を業とする取締役会設置会社である。甲社は，学習机の製造事業を開始しようと計画しているが，甲社が従来取り扱ってきた商品とは性質が異なるため，そのノウハウを有していない。

　一方，①乙株式会社（以下「乙社」という。）は，取締役会設置会社であるが，学習机の製造事業から事業を開始し，近年では，パソコンの製造事業も行っていた。もっとも，学習机の製造事業は採算性が悪く，収益事業であるパソコンの製造に専念するため，学習机の製造事業を止めようと考えていた。

　そこで，②甲社及び乙社は，それぞれ，取締役会の決議を経て，乙社の有する学習机の製造事業を一括して，甲社が20億円で買い取る旨の契約を締結した（以下「本件取引」という。）。

　甲社は，本件取引により，乙社内の学習机の製造に関するノウハウも得る必要があると考えており，一方，乙社は，本件取引後は，学習机の製造事業から撤退する予定であったため，その③契約内容として，乙社の学習机製造事業に属する工場及び工場内に設置された備品一式のほか，乙社の学習机製造工場で勤務する従業員も甲社に引き継がせることとし，主要な取引先も甲社に紹介した。④甲社は，これらの工場，備品及び従業員により，学習机の製造を行い，乙社から紹介を受けた取引先と取引を継続する予定である。なお，⑤本件取引の対象となる資産は，乙社の資産総額の約6割を占めている。

　⑥甲社及び乙社は，それぞれ，株主総会決議の承認を経ることなく，本件取引を行った。

　以上の事案を前提に，⑦甲社は，乙社に対して，本件取引の無効を主張することができるかについて，論じなさい。

出題論点

問題処理のポイント

　本問は，組織再編の分野から，事業譲渡に関する理解を問う問題です。

　事業譲渡は，司法試験・予備試験で頻出の分野で，平成27年には，司法試験及び予備試験の双方で問われました。

本問で，問題となる事業譲渡の意義，株主総会決議を欠いた事業譲渡の効力だけでなく，会社法総則で扱う各種の利害関係人保護のための制度についても併せて確認しておいてください。

■ 答案作成の過程

1 論述の方向性

本問では，⑦「甲社は，乙社に対して，本件取引の無効を主張することができるか」が問われていますので，本件取引が無効になりそうな事情を問題文から見つけて，果たして本当に無効になるのかを検討する必要があります。

そこで，問題文をもう一度見直してみると，⑥「甲社及び乙社は，それぞれ，株主総会決議の承認を経ることなく，本件取引を行った。」という一文が目に入ると思います。

まず，そもそも論として，(a)本件取引に際し，株主総会決議を経る必要がなければ，無効になることはありません。そこで，この点を検討する必要があります。

次に，(b)株主総会決議を経る必要があるとして，株主総会決議を経ていない場合に，本件取引が本当に無効になるのかを検討しなければなりません。

なお，「重要な財産の処分及び譲受け」（会社法362条4項1号）に当たり，取締役会の承認を得る必要がある可能性がありますが，②甲社及び乙社の双方で取締役会の決議を経ていますので，この点は問題となりません。

2 (a)について

1 甲社について

甲社は，学習机の製造事業の譲受会社に当たります。譲受会社では，「他の会社……の事業の全部の譲受け」（会社法467条1項3号）に当たらなければ，株主総会決議（会社法309条2項11号）を経る必要はありません。

本問では，①乙社は学習机及びパソコンの製造事業を行っていますので，学習机の製造事業だけを譲り受ける場合には，「他の会社……の事業の全部の譲受け」に当たりません。

したがって，甲社の側では，株主総会決議を経る必要はありません。

2 乙社について

(1) 「事業……の譲渡」

一方で，乙社側においては，学習机の製造事業の譲渡が，「事業の重要な一部の譲渡」（会社法467条1項2号）に当たれば，株主総会決議を経なければなりません。

そこで，まず，「事業……の譲渡」に当たる取引とはどのようなものか明らかにする必要があります。

145

この点について，判例は，旧商法下の「営業の譲渡」の意義につき，「ⓐ一定の営業目的のため組織化され，有機的一体として機能する財産（得意先関係等の経済的価値のある事実関係を含む。）の全部または重要な一部を譲渡し，ⓑこれによって，譲渡会社がその財産によって営んでいた営業的活動の全部または重要な一部を譲受人に受け継がせ，ⓒ譲渡会社がその譲渡の限度に応じ法律上当然に同法25条（注：現会社法21条）に定める競業避止義務を負う結果を伴うものをいう」と判示しました（最大判昭40.9.22【会社法百選82】【商法百選15】，注及びⓐⓑⓒは筆者）。

このⓐⓑⓒの要件については，それぞれ学説の議論がありますが，ここでは詳述を避けます。お手持ちのテキストで確認しておいてください。

本問では，③学習机製造事業に属する工場及び工場内に設置された備品一式のほか，乙社の学習机製造工場で勤務する従業員も甲社に引き継がせることを定め，主要な取引先も甲社に紹介していますので，本件取引の対象となる資産は，組織化され，有機的一体として機能する財産に当たり，ⓐを充足します。

また，④甲社は譲り受けた学習机の製造事業を行い，乙社から紹介を受けた取引先と取引を継続することを予定していますので，ⓑも充足します。

最後に，何ら特約がなければ，乙社は，会社法21条が定める競業避止義務を負担することになりますので，ⓒの要件も満たします。

なお，ⓒの要件については，これを不要とする学説が有力化していますが，本問では，競業避止義務を負わない旨の特約があるなどの事情は見当たりませんので，学説の対立は結論に影響を与えません。

以上から，本件取引は，「事業……の譲渡」に当たります。

(2) 「重要」性

次に，「重要な」一部の譲渡に当たるか否かを検討します。

まず，会社法467条1項2号は，「事業の重要な一部の譲渡（当該譲渡により譲り渡す資産の帳簿価額が当該株式会社の総資産額として法務省令で定める方法により算定される額の5分の1（これを下回る割合を定款で定めた場合にあっては，その割合）を超えないものを除く。）」と定めていますので，このかっこ書の要件に該当する場合には，「重要」性を満たさないことになりますが，本問では，⑤本件取引の対象となる資産は，乙社の資産総額の約6割を占めていますので，この要件は満たしません。

次に，「重要」性は，量的側面・質的側面から判断されると解されています。このうち，量的側面は，譲渡資産の帳簿価額以外の要素，例えば，売上高，利益，従業員数などを総合的にみて，譲渡会社の事業全体の10％程度を超えるかどうかが1つの基準になるとされ，質的側面は，沿革などから会社のイメージの影響度への大きさなどが考慮されるとされています。

量的な側面についてみると，乙社の売上高，従業員数は不明ですが，①乙社

146

は学習机製造部門とパソコン製造部門の2部門しかなく，前者を譲渡すると，後者しか残されていないことからも，量的な側面からの「重要」性は満たされているとみてよいでしょう。

また，質的な側面についてみると，①乙社は，学習机の製造事業から事業を開始しており，その事業を手放すとなると，会社のイメージへの影響度は少なくないものと考えられます。

したがって，質的な側面からも，「重要」性は満たされていると考えてよいでしょう。

(3) 結論

以上から，学習机の製造事業の譲渡は，「事業の重要な一部の譲渡」に当たり，乙社側では，株主総会決議を経る必要があるという結論になります。

3 (b)について

では，株主総会決議を欠いた事業譲渡の効力についてどのように解すべきでしょうか。

この点について判例は，「本件営業譲渡契約は，譲渡をした……会社が商法245条1項（注：現会社法467条）に基づき……株主総会の特別決議によってこれを承認する手続を経由しているのでなければ，無効であり，しかも，その無効は，……広く株主・債権者等の会社の利害関係人の保護を目的とするものであるから，本件営業譲渡契約は何人との関係においても常に無効であると解すべきである。……そして，営業譲渡が譲渡会社の株主総会による承認の手続をしないことによって無効である場合，譲渡会社，譲渡会社の株主・債権者等の会社の利害関係人のほか，譲受会社もまた右の無効を主張することができるものと解するのが相当である。けだし，譲渡会社ないしその利害関係人のみが右の無効を主張することができ，譲受会社がこれを主張することができないとすると，譲受会社は，譲渡会社ないしその利害関係人が無効を主張するまで営業譲渡を有効なものと扱うことを余儀なくされるなど著しく不安定な立場におかれることになるからである。」とし，絶対的に無効であるとする立場を採りました（最判昭61.9.11【会社法百選5】）。また，譲渡会社だけでなく，譲受会社も無効主張をすることができるとしています。

この判例の立場に従えば，甲社は，乙社側で本件取引について株主総会決議を欠いていることを理由として，無効主張をすることができるという結論になります。

なお，この判例は，第4問でも扱いましたが，信義則に反する特段の事情がある場合には，無効主張をすることが許されなくなるとしています。もっとも，本問ではそのような事情は認められません。

第1 本件取引の瑕疵の有無について
 1 甲社における手続の適法性
  本件取引は「他の会社……の事業の全部の譲受け」(会社467 I ③)に当たらない
   →株主総会決議は不要,甲社側に手続上の違法はない
 2 乙社における手続の適法性
  「事業の全部の譲渡」(会社467 I ①)には当たらないが,「事業の重要な一部の譲渡」(同項②)に当たれば,株主総会決議が必要(同項柱書,会社309 Ⅱ⑪)
   ↓
  「事業……の譲渡」の意義
   ↓
  ①一定の事業目的のために組織化され,有機的一体として機能する財産の全部又は重要な一部を譲渡し,②これによって,譲渡会社がその財産によって営んでいた事業活動の全部又は重要な一部を譲受人に受け継がせ,③譲渡会社が法律上当然に会社法21条に定める競業避止義務を負う結果を伴うもの
   ↓
  あてはめ
   ↓
  「重要な一部」(会社467 I ②)に当たる
   ↓
  乙社の株主総会決議が必要

第2 本件取引の効力について
 1 株主総会決議を欠いた事業譲渡の効力
   ↓
 2 絶対的無効説
   ↓
 3 甲社は,乙社に対して,本件取引の無効を主張することができる

第1　本件取引の瑕疵の有無（手続の適法性）について　　←本件取引の瑕疵の有無
1　甲社における手続の適法性　　←甲社側の手続

　　甲社は，本件取引に先立ち，株主総会決議を経ていない。
仮に，本件取引が「他の会社……の事業の全部の譲受け」（会
社法（以下，法令名省略。）467条1項3号）に当たるのであ
れば，株主総会決議による承認が必要となる（同項柱書，
309条2項11号）。

　　しかし，乙社は，パソコンの製造事業も行っており，「全部」
の譲受けには当たらないため，株主総会決議は不要である。
なお，「重要な財産の……譲受け」（362条4項1号）に当たり，　　←取締役会決議の点は，甲社
取締役会の承認を得る必要がある可能性があるものの，甲社　　　側の手続を論じる中で，指
では，取締役会の決議を経ているため，この点は問題となら　　　摘しました
ない。

　　よって，甲社側には，本件取引に係る手続上の違法はない。
2　乙社における手続の適法性　　←乙社側の手続
(1)　まず，乙社は，パソコンの製造事業も行っているので「事　　←条文の指摘
　　業の全部の譲渡」（467条1項1号）には当たらないが，乙
　　社にとって学習机製造事業が「事業の重要な一部の譲渡」
　　（同項2号）に当たれば，株主総会決議による承認が必要
　　となる（同項柱書）。
(2)　では，本件取引が「事業……の譲渡」といえるか。　　←「事業……の譲渡」の意義
　　ア　事業譲渡とは，法律関係の明確性・取引安全を確保す　　←論証

　　　　るため，①一定の事業目的のために組織化され，有機的
　　　一体として機能する財産の全部又は重要な一部を譲渡し，
　　　②これによって，譲渡会社がその財産によって営んでい
　　　た事業活動の全部又は重要な一部を譲受人に受け継がせ，
　　　③譲渡会社が法律上当然に21条に定める競業避止義務を
　　　負う結果を伴うものをいうと解する。
　　イ　本件では，学習机製造事業に属する工場及び工場内に　　←あてはめ
　　　設置された備品一式のほか，乙社の学習机製造工場で勤
　　　務する従業員も甲社に引き継がせることを定め，主要な
　　　取引先も甲社に紹介している。そうすると，本件取引の
　　　対象となる資産は，組織化され，有機的一体として機能
　　　する財産に当たるため，①を充足する。
　　　　また，甲社は譲り受けた学習机の製造事業を行い，乙
　　　社から紹介を受けた取引先と取引を継続することを予定
　　　しているので，②も充足する。
　　　　そして，乙社は，何ら特約がなければ，本件取引後は，
　　　学習机の製造事業における競業避止義務を負担するから，
　　　③も肯定される。
　　　　したがって，本件取引は「事業……の譲渡」に当たる。
(3)　次に，当該事業が「重要な一部」に当たるか。　　←「重要」性
　　　本問では，取引の対象となる事業の資産の合計が乙社の
　　　資産総額の60％を占めているから，467条1項2号のかっ

こ書が定める場合には当たらない。

　　また，乙社にとって本件取引は2事業部門のうちの1事業部門を譲渡するものであること，乙社は，学習机の製造事業から事業を開始しており，その事業を手放すとなると，会社のイメージへの影響度は少なくないものと考えられることから，会社全体の運命に重大な影響を及ぼすといえ，「重要な一部」に当たる。

　　よって，乙社の株主総会決議による承認が必要である。

(4)　にもかかわらず，乙社は，株主総会による承認を得ていないため，本件取引には瑕疵がある。

第2　本件取引の効力について　　　　　　　　　　　　　←本件取引の効力

1　乙社において必要とされる株主総会の承認を欠いた場合に　←株主総会決議を欠いた事業
　本件取引の効力はどうなるか。明文なく問題となる。　　　　譲渡の効力

2　事業譲渡は譲渡会社の株主にとって重要な事項であり，か　←論証
　かる承認を欠く瑕疵は重大である。また，事業譲渡の意義を
　前述のように解する以上，基準として明確であり，絶対的に
　無効と解しても，取引の安全を図り得る。

　　そして，相手方からも無効主張ができると解するべきである。そのように解さなければ，取引の相手方の地位を不安定にするからである。

　　したがって，総会決議を欠く事業譲渡の効力は，甲社の主観を問わず絶対的無効であり，甲社は，信義則（民法1条2

項）違反と認められるような特段の事情がない限り，これを主張することができると解する。

3　よって，甲社は，上記のような事情がない限り，乙社に対して，本件取引の無効を主張することができる。

　　　　　　　　　　　　　　　　　　　　　　　　　　以　上

　甲株式会社（以下「甲社」という。）は，ボールペンやノートブック等の製造・販売を業とする取締役会設置会社である。甲社は，学習机の製造事業を開始しようと計画しているが，甲社が従来取り扱ってきた商品とは性質が異なるため，そのノウハウを有していない。

　一方，乙株式会社（以下「乙社」という。）は，取締役会設置会社であるが，学習机の製造事業から事業を開始し，近年では，パソコンの製造事業も行っていた。もっとも，学習机の製造事業は採算性が悪く，収益事業であるパソコンの製造に専念するため，学習机の製造事業を止めようと考えていた。

　そこで，甲社及び乙社は，それぞれ，取締役会の決議を経て，乙社の有する学習机の製造事業を一括して，甲社が２０億円で買い取る旨の契約を締結した（以下「本件取引」という。）。

　甲社は，本件取引により，乙社内の学習机の製造に関するノウハウも得る必要があると考えており，一方，乙社は，本件取引後は，学習机の製造事業から撤退する予定であったため，その契約内容として，乙社の学習机製造事業に属する工場及び工場内に設置された備品一式のほか，乙社の学習机製造工場で勤務する従業員も甲社に引き継がせることとし，主要な取引先も甲社に紹介した。甲社は，これらの工場，備品及び従業員により，学習机の製造を行い，乙社から紹介を受けた取引先と取引を継続する予定である。なお，本件取引の対象となる資産は，乙社の資産総額の約６割を占めている。

　甲社及び乙社は，それぞれ，株主総会決議の承認を経ることなく，本件取引を行った。

　以上の事案を前提に，甲社は，乙社に対して，本件取引の無効を主張することができるかについて，論じなさい。

第1. 甲社にとり、「事業の全部の譲受け」（467 I ③）にはあたらない。

甲社で承認ないこと問題ナシ

第2. 乙社にとり、「事業の重要な一部の譲渡」にあたり、承認経ること必要か

1. 〈まず〉「事業の…譲渡」？

① 有機的一体

② 事業の承継

③ 競業避止義務

〈本件〉① 備品一式 + 従業員 + 取引先

②

③

→ ok.

2. 6割 → 「重要な一部」

第3. 乙社で承認欠くこと理由に、甲が無効主張できるか。

1. 絶対的に無効

→ 信義則に反する特段の事情ない限り、無効主張 OK.

2. 本件. ○

以上

第1. 本件取引は、乙社の行っている学習机の製造事業を一体で甲社
が買い取るものであるが、乙は他にパソコンの製造事業も行っているため、
甲社にとり、「事業の全部の譲り受け」(乙は下注会名省
略) 467条1項3号)にはあたらない。

　そこで、本件取引について、甲社の株主総会の承認 (467条、309条
2項11号参照)を欠くことは、無効事由とはならない。

第2. そうだとしても、本件取引は、乙社にとり、「事業の重要な一部
の譲渡」にあたり、乙社の株主総会の承認 (467条1項2号、
309条2項11号)を経ることが必要とならないか。

1. まず、本件取引が、乙社の「事業の……譲渡」といえるか。
同文言の意義が問題となる。

　この点、法的安定の要請・基準の明確性を確保することで取引
安全を図るべく「事業の……譲渡」とは、① 一定の事業目的のために
組織化された有機的一体としての財産を一括で移転し、② これに
より事業活動の承継を伴い、③ 譲渡人が法律上当然に
競業避止義務 (21条)を負担することとなるものをいうと解する。

　本件につきみるに、本件取引により、乙社は、学習机製造
事業に属する工場及び工場内に設置された備品一式、及び
同工場内で勤務する従業員を甲社に引き継がせており、取引先
も甲社に紹介しているが、学習机の製造事業を行ったために
組織化された有機的一体として機能する物的・人的財産等の
全てを一括に移転するものといえる (以上① 充足)。また、乙社が

~~主要な取引先を甲社に紹介していることから、甲社は、本件取引後、甲社~~
は、乙社がそれまで有していた工場で、乙社の元従業員を使い、乙社の元取引
先を相手に、学習机の製造事業を行うと考えると、本件取引は、乙社の
事業活動の承継を伴うものと考えられる (② 充足)。また、乙社は、本件
取引後は、学習机の製造事業から撤退する予定であることを前提に、
本件取引をしていることからすれば、本件取引後に、同事業からの
甲の収益を妨げるべきでなく、競業避止義務を負担することとなる
と考えられる (③ 充足)。

　したがって、本件取引は、乙社の~~事業~~「事業の……譲渡」
にあたる。

2. 次に、本件取引の対象となる資産は、乙社の資産総額
の約6割を占めている。というのだから、本件取引は、乙社の
事業の「重要な一部の」譲渡にあたると考えられる (467条
1項2号が、こう参照)。

3. よって、本件取引は、乙社にとり、~~重要な~~「事業の重要な
一部の譲渡」といえ、株主総会の承認が必要となる。

第3. では、本件取引について、乙社の株主総会決議の手続を経
ていないことを理由に、甲社が無効を主張しうるか。

1. この点、事業譲渡は、株式会社の基礎的事項についての重大な変
更といえるから、これについて、会社の実質的所有者たる株主の意思を確認
することは不可欠といえ、株主総会決議を欠くことは重大な手続の瑕疵
といえる。

そこで、株主総会における承認決議を欠く事業譲渡は、絶対的に無効となると解する。事業譲渡手につき。

もっとも、[株主総会決議を欠く会社の相手方も、無効を主張することが信義則（民法1条2項）に反するという特段の事情がない限り、当然事業譲渡等の無効を主張できると解する。

2, 本件取引事業につき検討するに、甲が無効主張することが信義則に反するという特段の事情は特にない。よって、甲は乙に対し、本件取引に無効を主張できる。

　　　　　　　　　　　　　　　　　以上.

①甲株式会社（以下「甲社」という。）は公開会社であるが，乙株式会社（以下「乙社」という。）との間で，甲社を存続会社とし，乙社を吸収合併する旨の契約を締結した。

　そこで，②甲社の取締役会は合併承認のため臨時株主総会招集を決議し，代表取締役がその総会を招集したところ，甲社の株主総会は賛成多数で合併を承認したが，③全ての株主に対する招集通知が会日の12日前に発せられていた。

　この場合，④甲社の株主であり，合併に反対したAは，合併の効力を争うためにどのような手段を採ることができるか。合併の効力発生日の前後で場合分けして論述しなさい。

□ 出題論点

□ 問題処理のポイント

　本問は，組織再編の分野から，瑕疵ある組織再編行為についての理解を問う問題です。

　瑕疵ある組織再編行為については，株主や債権者などの利害関係人保護のために，どのような手続・手段が用意されているのかを整理した上で，時系列に応じて利害関係人がどのような手段を採ることができるのか押さえておく必要があります。本問では，株主総会決議による承認後に，株主がどのような手段を採ることができるのかが問われています。

　なお，本問では，④「合併の効力を争うためにどのような手段を採ることができるか。」と問われていますが，広くAの救済手段を問う問題であった場合には，株式買取請求，役員等に対する損害賠償請求等についても検討を加えるべきです。

□ 答案作成の過程

1 効力発生日前

1 採り得る手段

　②本問では，既に株主総会による承認決議がなされていますので，株主総会決議に瑕疵があることを主張して，合併の効力発生を阻止することが考えられます。

2 組織再編の差止め

　平成26年会社法改正以前は，略式組織再編の場合（会社法784条2項，796条2項）を除き，組織再編の差止めを認める明文の規定がなく，差止めの可否及びそれを認めるための要件について学説上議論がありました。

　この点について，平成26年改正後会社法では，略式組織再編以外の組織再編が，法令又は定款に違反する場合に，株主が不利益を受けるおそれがあるときは，株主は，株式会社に対し，当該組織再編をやめることを請求できるものとされました（会社法784条の2，796条の2）。

　本問でも，Aは，この差止請求によることが考えられます（会社法796条の2）。

3 要件検討

　その要件は，「当該吸収合併等が法令又は定款に違反する」ことです（同条1号。なお，2号は，略式組織再編の場合）。

　本問では，株主総会決議に瑕疵があることを理由として，「法令……に違反する」ことを主張したいところですが，株主総会決議取消しの訴え（会社法831条）を提起して，その判決が確定するまで待っていては，合併の効力が発生してしまいます。そこで，この取消訴訟と差止請求の双方を本案として，差止めの仮処分（民事保全法23条2項）を申し立てることができるとする解釈が有力に主張されています。この解釈に従い，株主総会決議取消しの訴えが認められるのか検討しましょう。

　まず，訴訟要件が満たされているのかですが，出訴期間に関する事情が問題文に挙げられていませんので，ひとまず満たされているとして検討を進めます。

　次に，本案勝訴要件が満たされているかですが，本問では，①甲社は公開会社であるところ，③「全ての株主に対する招集通知が会日の12日前に発せられていた」という事情がありますので，会社法299条1項が定める「株主総会の日の二週間……前」という要件を満たしていません。そのため，「招集の手続……が法令……に違反」（会社法831条1項1号）していることになります。

　また，裁量棄却（会社法831条2項）についても検討すべきですが，判例には，「その招集につき決定の権限を有する取締役会の有効な決議にもとづかないでなされたものであるのみならず，その招集の通知はすべての株主に対して法定の招集期間に2日も足りない会日より12日前になされたものであるというのであるから，右株主総会招集の手続にはその性質および程度から見て重大な瑕疵があるといわなければならない。」としたものがあります（最判昭46.3.18）。本問では，「招集につき決定の権限を有する取締役会の有効な決議にもとづかないでなされた」という事情はありませんが，学説上，招集手続違反に関しては厳格に対処すべきであるという考え方が有力であることを考えると，瑕疵の重大性を肯定する方が穏当であるように思われます。

　以上から，差止請求（及び仮処分）は認められることになります。

2 効力発生日後

1 採り得る手段

合併の効力が発生した後は，合併無効の訴えで争うことになります（会社法828条1項7号）。④Aは，甲社の株主ですので，効力発生日から6か月以内であれば，同訴えによることができます（同号，同条2項7号）。株主総会決議取消しの訴えによって争うことも考えられますが，効力発生日後は，合併無効の訴えに一本化する立場が一般的です（東京地判昭30.2.28）。

2 無効原因

合併無効の訴えにおける無効原因については，条文上明らかではありません。そのため，解釈問題になります。

この点について，判例の立場は明確ではありませんが，学説上は，重大な手続上の瑕疵がある場合に，無効原因があると解することでほぼ一致があります。

そして，合併の承認決議に取消事由があることは，無効原因を構成するという立場が有力です。ただし，効力発生日後は，株主総会決議取消しの訴えの提起を許さず，合併無効の訴えに一本化することとの関係で，決議取消事由を合併無効の訴えの中で無効事由として主張する場合には，決議の日から3か月という期間制限がかかると解されています。

3 結論

以上から，決議の日から3か月という期間制限に抵触しなければ，合併無効の訴えを提起して，認容判決を得ることができます。

第1　合併の効力発生日前
　1　合併の差止め
　　→株主総会決議取消しの訴え＋差止請求，仮処分の申立て
　　　　↓
　2　訴訟要件
　　　　↓
　　本案勝訴要件
　　→甲社は公開会社であるが，招集通知の法定期間を充足しておらず，会社
　　　法299条1項違反があるので，「招集の手続」の「法令」「違反」に当た
　　　る（会社831Ⅰ①）
　　　　↓
　　裁量棄却（会社831Ⅱ）の余地はなし
　　　　↓
　3　Aは，合併を差し止めることができる

第2　合併の効力発生日後
　1　合併無効の訴え（会社828Ⅰ⑦）による
　　→株主総会決議取消しの訴えは用いることができない
　2　無効原因
　　　　↓
　　重大な手続上の瑕疵に限定される
　　　　↓
　　あてはめ
　　　　↓
　3　期間制限あり

第1　合併の効力発生日前
1　合併の効力発生日前には，株主総会決議に瑕疵があること
を主張して，合併の差止めを請求することが考えられる（会
社法（以下，法令名省略。）796条の2第1号）。
　　具体的には，甲社と乙社の合併（以下「本件合併」という。）
を承認した甲社の株主総会決議（以下「本件決議」という。）
の取消訴訟（831条）を提起した上で，それが認容されるこ
とを条件として，「法令……に違反する」（796条の2第1号）
として，差止請求をする。なお，その場合には，本件合併が
強行されないように，合併差止めの仮処分を申し立てるべき
である（民事保全法23条2項）。
2(1)　Aは，甲社の株主であるから，本件決議の日から3か月
を経過するまで（かつ，合併の効力が生じるまで）は，株
主総会決議取消しの訴えを提起することができる。
　(2)ア　甲社は，公開会社であるから，2週間前に招集通知を
発しなければならないところ，これより2日足りない12
日前に発しているため，299条1項違反がある。そこで，
「招集の手続」が「法令」に「違反」することになる（831
条1項1号）。
　　イ　もっとも，「違反する事実が重大でなく」，「決議に影
響を及ぼさない」場合には，裁判所は，裁量棄却をする
ことができる（同条2項）。

　　　本問の瑕疵は，招集通知を発した時期が遅れ，法定の
期間よりも2日足りないというものである。招集通知は，
株主に対して，株主総会への出席の機会及び事前の準備
期間を与えるためのものである。そして，公開会社にお
いては，所有と経営が分離しているから，2週間という
準備期間は，とりわけ重要な意義を有する。
　　　したがって，全ての株主に対する招集通知を，法定の
期間よりも2日も足りない会日から12日前に発したとい
う瑕疵は，「違反する事実が重大でな」いとはいえない。
3　よって，Aは，上記手段によって，合併を差し止めること
ができる。
第2　合併の効力発生日後
1　本件合併の効力を否定するため，合併無効の訴え（828条
1項7号）によることが考えられる。Aは甲社の株主である
から，効力発生日から6か月以内であれば，同訴えによるこ
とができる（同号，同条2項7号）。
　　一方，合併の効力発生日後は，株主総会決議取消しの訴え
を提起することはできなくなる。法律関係の画一的確定の要
請から，合併の無効は，合併無効の訴えによってのみ主張し
得ると考えるべきだからである。また，株主総会決議取消し
の訴えが既に提起されている場合には，訴えの変更（民事訴
訟法143条）の手続によるべきである。

2　合併無効の訴えにおける無効原因については明文規定がな
　い（828条1項柱書）。そこで，無効原因についていかに考え
　るべきか問題となる。

　　　合併は一旦効力が発生すると多数の利害関係人が発生する
　から，できる限り取引の安全を図るべきである。無効主張が
　認められても遡及効が否定されていること（839条）や，無
　効主張が訴えによるべきこと，原告適格が法定されているこ
　と（828条1項柱書，2項）等からしても，できる限り取引
　の安全を守るべきとの要請がうかがえる。
　　　したがって，無効原因は重大な手続上の瑕疵があることに
　限定されると解する。
　　　株主総会の承認決議に取消事由が存在する場合には，重大
　な手続上の瑕疵があることになり，合併無効の訴えにおける
　無効原因があることになる。
3　よって，合併の効力発生日後は，合併無効の訴えを提起す
　べきであり，その無効事由として株主総会の承認決議に取消
　事由が存在することを主張すべきである。
　　　ただし，法律関係の早期安定の要請から，かかる無効事由
　を主張できるのは，決議の日から3か月という期間制限に服
　することになる（831条1項柱書参照）。

以　上

←合併無効の訴えにおける無効原因

←論証

←期間制限

　甲株式会社（以下「甲社」という。）は(公開会社)であるが，乙株式会社（以下「乙社」という。）との間で，甲社を存続会社とし，乙社を吸収合併する旨の契約を締結した。

　そこで，甲社の取締役会は合併承認のため臨時株主総会招集を決議し，代表取締役がその総会を招集したところ，甲社の株主総会は賛成多数で合併を承認したが，全ての株主に対する招集通知が会日の12日前に発せられていた。

　この場合，甲社の株主であり，合併に反対したAは，合併の効力を争うためにどのような手段を採ることができるか。合併の効力発生日の前後で場合分けして論述しなさい。

● 合格者の答案構成

第1．効力発生日前．

1．吸収合併差止の請求（796条の2）

2．(1) 12日前に招集通知．

　　　吸収合併の承認決議（795 I，309 II ⑫）の招集手続に

　　　299 I に違反する「法令……違反」

　(2)「株主が不利益を受けるおそれ」

3．差止めの請求ok．

　　仮処分申立て（民事保全23 II）をすべき．

第2．効力発生日後

1．(1) 合併無効の訴え（828 I ⑦）できる？ 無効原因？

　(2) 重要な手続上の瑕疵．

　(3) 本件，合併承認決議の「招集手続」に，299 I に反する「法令……違反」．

　　〈あ〉裁量棄却（831 II）の余地はない．

　　〈い〉承認決議には取消事由あり．

　　　→ 合併について株主の意思形成に問題あり ＝ 重要な手続上の瑕疵．

　　〈う〉無効原因あり．

2．承認決議の取消しの訴えに援用ok？

　　→ 効力発生後は無効の訴えのみ

　　〈ぶ〉×．

161

第1. 合併の効力発生日前.

1 Aとしては, 合併の効力を争うため, 吸収合併差止めの請求(会社法(以下法令名省略)796条の2)をすることが考えられる.

2(1) まず, 本件では, 甲社は公開会社であるから, 吸収合併の承認決議(795条1項, 309条2項12号)のなされた株主総会の2週間前に招集通知を発しなければならないところ(299条1項),これより2日少ない12日前に招集通知が発送せられている.

そこで, 本件「吸収合併等」の招集手続が, 299条1項という「法令…に違反する」という(796条の2第1号)序期決議の

(2) また, これにより, 甲社の株主は, 本件株主総会への出席の機会や, 合併の当否の判断についての十分な準備をする機会をうしなうおそれがあるため, 不利な条件等での合併を合併させられるおそれがあると, 「株主が不利益を受けるおそれ」があるといえる(796条の2柱書).

3, そこで, 「存続会社」たる甲社の「株主」たるAは, 吸収合併差止めの請求をすることができる.

なお, 差止請求の実効性を確保すべく, 甲社を仮処分債務者とする仮処分申立て(民事保全法23条2項)をするべきである.

第2. 合併の効力発生日後.

1.(い) Aは, 合併の効力を争うため, 合併無効の訴え(828条1項7号)を提起できないか. 本件では, 前述のように, 合併の承認決議の手続等手続に瑕疵があるといえるが, これが無効原因となるか. 無効原因につき明文から明らかでなく問題となる.

(2) この点, 合併はいったん効力が発生すると多数の利害関係人が生ずること, 無効主張が認められれば遡及的に否定される(839条, 834条7号)等から, 法的安定性の要請が働く. 無効原因は限定的に考えるべきである.

そこで, 合併無効原因は, 重要な手続の瑕疵があることに限られると解する.〔831条1項1号〕 〔前記のように〕

(3) 本件につきみるに, 合併を承認した株主総会決議に際しては「招集手続」に, 299条1項に反する「法令に違反」があり, また招集通知が遅れたことで, 株主が出席の機会とすなわち甲場の余裕を与えられなかった〔株式会社の組織に関する合併という重大事項について〕ことは「重大」といえ, 前記と違う事実につき招集事由(831条1項)の余地もない. よって, 本件合併の承認を決した株主総会決議には, 決議取消事由があるといえる.

そこで, このように, 合併の承認決議に取消事由があることは, 株式会社の組織に関する重要な事項に関して所有所有者たる株主の意思的に問題があるということで重要な手続上の瑕疵といえる.

したがって, 本件合併には無効原因があるといえ, Aは, 合併無効の訴えを提起できる.

2, 次に, 本件合併の承認決議には, 前記のように取消事由があることから, 株主たるAは, 承認決議の取消しの訴え

（###1条1項）を提起できないか。

　この点、法律関係の画一的確定の要請から、合併の効力発生日後は、合併無効の訴えによってのみ、合併の効力を争うべきである。

　よって、~~取消~~Aは取消しの訴えによって、合併の効力を争うことはできない。

以上.

Ⅲ　手形小切手法

買主Aは売買代金支払のために売主Bを受取人として約束手形を振り出し，CがBからこの手形の裏書譲渡を受けた。次の各場合に，①Aは，Cの手形金請求を拒むためには，Cが手形取得時にどのような事由について悪意であったことを立証しなければならないか。

（一）　②Bが売買の目的物を交付しないことを理由として，Aが，Cの手形取得後に売買契約を解除した。

（二）　③Aが，Cの手形取得後にBに対する債権を自働債権として本件手形債権と相殺した。

（旧司法試験　平成元年度　第2問）

□ 出題論点

・「害スルコトヲ知リテ」（17ただし書）の意義 ………………………………………… **A**

□ 問題処理のポイント

　本問と 第18問 は手形法からの出題です。旧司法試験平成元年度第2問で出題された問題をそのまま用いています。

　手形法は，旧司法試験時代にほぼ毎年1問出題されていましたが，現在の司法試験になってから極端に出題の頻度が下がっています。ただし，予備試験では過去に出題されたことがあり（平成24年度），また，法科大学院入試では大学院によって出題される場合もありますので，全く対策をしないというわけにはいきません。

　手形法も民法の特別法ですので，考え方・解き方は基本的に民法と同様です。具体的にいうと，手形金支払請求をする手形所持人の側は，手形債権が有効に発生していること（手形債務者が手形債務を負担すること），それを有効に取得していることを主張し，これに対して支払を拒む手形債務者の側は，その2点について反論を加えるという構造です。

　この主張反論の中に，手形法独自の考え方が織り込まれていきます（例えば，白地手形）。

　そのため，ここは民法と同じだな，ここは民法と違うなという意識を持ちながら学習を進めるとよいでしょう。

　他にも他人による手形行為や，支払免責などの特殊な分野がありますが，これも民法の応用と考えると見通しがよくなります。

1 人的抗弁の切断について

本問では，（一）（二）の場合に，①「Aは，Cの手形金請求を拒むためには，Cが手形取得時にどのような事由について悪意であったことを立証しなければならないか。」が問われています。

（一）（二）は，AがBに対して人的抗弁を有する場合です。②（一）が解除の抗弁，③（二）が相殺の抗弁です。

そこで，この人的抗弁をCに対して対抗するために，どのような事由を立証しなければならないかを考えます。

人的抗弁の取扱いについて定めているのは，手形法17条です。同条は，その本文において「為替手形ニ依リ請求ヲ受ケタル者ハ振出人其ノ他所持人ノ前者ニ対スル人的関係ニ基ク抗弁ヲ以テ所持人ニ対抗スルコトヲ得ズ」と定め，人的抗弁の切断について定めています（なお，手形法77条1項1号で，約束手形についての準用規定があります。）。そして，そのただし書において，「但シ所持人ガ其ノ債務者ヲ害スルコトヲ知リテ手形ヲ取得シタルトキハ此ノ限ニ在ラズ」として，人的抗弁が切断されない場合について定めています。

この「害スルコトヲ知リテ」の意義については学説上争いがあります。

通説といわれているのが，河本フォーミュラです。この説は，「害スルコトヲ知リテ」とは，「所持人が手形を取得するに当たり，手形の満期において，手形債務者が所持人の直接の前者に対して抗弁を主張し，支払を拒むことは確実であるという認識を有していた場合をいう」と定式化しています。

判例の立場は明確ではありませんが，概ね同様の立場に立つものと解されています。

以下では，この河本フォーミュラに従って検討します。なお，問題文やこの河本フォーミュラからも明らかですが，害意（悪意）の有無は，手形取得時を基準として判断されます（最判昭26.2.20）。

2 各抗弁について

1 小問（一）について

解除の抗弁については，単に反対債務が未履行であることを知っていたのみの場合は害意なしと判断されています（大判昭16.8.26，最判昭30.11.18参照）。単に反対債務が未履行である場合には，満期日までに債務が履行される可能性があり，債務者が解除権を行使して，支払を拒むことは確実であるという認識を有していたとはいい難いからです。

これに対して，売買契約解除が確実であることを知って取得した場合には害意ありと判断されています（最判昭30.5.31【手形小切手百選30】）。満期日までに債

務が履行される可能性がなく，支払を拒むことは確実であるという認識を有していたといえるからです。また，解除権の発生を知って取得した場合は害意ありと判断されています（詐欺取消しの抗弁について大判昭19.6.23【手形小切手百選29】）。

　したがって，Aが，Cの手形金請求を拒むためには，Cが手形取得時に売買契約解除が確実であることを知って取得したこと，又は解除権の発生を知って取得したことを立証しなければなりません。

2　小問（二）について

　相殺の抗弁については，相殺の抗弁を有することを知っているだけでは，害意なしと判断されています。相殺の抗弁は，自分の債権を犠牲にする抗弁ですので，抗弁を有しているからといって確実に行使されるとは限らないからです。

　これに対して，相殺の抗弁が確実に行使されるという事情，例えば，Bが倒産寸前でAがBに対して有している債権の実価がほぼゼロであるといった事情をCが知って取得した場合には，害意ありと判断されます。

　したがって，Aが，Cの手形金請求を拒むためには，相殺の抗弁が確実に行使されるという事情を知ってCが手形を取得したことを立証しなければなりません。

第1　人的抗弁の切断について
　　　「債務者ヲ害スルコトヲ知リテ」（手形17ただし書）の意義
　　　↓
　　　河本フォーミュラ

第2　各抗弁について
　1　小問（一）について
　　　単に反対債務の未履行を知っていたのみの場合
　　　→害意なし
　　　↓
　　　解除が確実であることを知って手形を取得した場合，解除権の発生を知って手形を取得した場合
　　　→害意あり
　　　↓
　　　Ｃが手形取得時に，売買契約解除が確実であること，又は解除権の発生について悪意であったことを立証しなければならない
　2　小問（二）について
　　　単に抗弁の存在を知っていた場合
　　　→害意なし
　　　↓
　　　抗弁が確実に行使されるという事情を知っていた場合
　　　→害意あり
　　　↓
　　　Ｃが手形取得時に相殺の抗弁が確実に行使されるという事情について悪意であったことを立証しなければならない

第1　人的抗弁の切断について

　本問で問題となっているのは，小問（一）が解除の抗弁，小問（二）が相殺の抗弁である。

　それぞれ人的抗弁となるから，手形法77条1項1号，17条の解釈問題となる。特に，「債務者ヲ害スルコトヲ知リテ」（同条ただし書）の意義が問題となる。

　まず，「害スルコトヲ知リテ」という条文の文言から，単なる悪意を超えた認識であると解するのが素直である。また，害意の有無の判断は，手形取得時になされるのに対し，債務者の抗弁権が実際に行使されるのは満期以後の権利行使時であり，そこにタイムラグがある点に留意しなければならない。

　そこで，「債務者ヲ害スルコトヲ知リテ」とは，所持人が手形を取得するに当たり，手形の満期において，手形債務者が所持人の直接の前者に対して抗弁を主張し，支払を拒むことは確実であるという認識を有していた場合をいうと解する。

第2　各抗弁について

1　小問（一）について

(1)　解除の抗弁については，単に反対債務の未履行を知っていたのみの場合，害意は認められない。債務が履行される可能性があり，手形取得者が，手形取得時に，上記認識を有していたとはいい難いからである。

(2)　一方で，契約解除が確実であることを知って手形を取得

━━━━━━━━━━━━━━━━━━━━

した場合や解除権の発生を知って手形を取得した場合は，害意が認められる。この場合は，解除権が行使されることが確実であるといえ，上記認識が認められるからである。なお，前者の場合としては，受取人に資力がなく，債務が履行される可能性が乏しい場合などがある。

　したがって，Aは，Cの手形金請求を拒むためには，Cが手形取得時に，売買契約解除が確実であること，又は解除権の発生について悪意であったことを立証しなければならない。

2　小問（二）について

(1)　相殺の抗弁については，単に抗弁の存在を知っていた場合は，害意が認められない。相殺の抗弁は，自己の自働債権の消滅を伴うものであるため，確実に行使されるとは限らず，手形取得者が，手形取得時に，上記認識を有していたとはいい難いからである。

(2)　一方，抗弁が確実に行使されるという事情を知っていた場合は，害意が認められる。例えば，手形の受取人が，倒産寸前であるといった事情である。この場合，振出人が有する自働債権の実価は額面を大きく下回るから，相殺を主張して，債権を回収することが確実であるといえる。

　したがって，Aは，Cの手形金請求を拒むためには，Cが手形取得時に相殺の抗弁が確実に行使されるという事情

━━━━━━━━━━━━━━━━━━━━

←人的抗弁の切断について

←「害スルコトヲ知リテ」の意義

◀論証

←各抗弁について

←小問（一）について

←単に反対債務の未履行を知っていたのみの場合

←契約解除が確実であること

を知っていた場合，解除権の発生を知って手形を取得した場合

←小問（二）について

←単に抗弁の存在を知っていた場合

←抗弁が確実に行使されるという事情を知っていた場合

（例えば，Bが倒産寸前であるといった事情）について悪意であったことを立証しなければならない。

以　上

買主Aは売買代金支払のために売主Bを受取人として約束手形を振り出し、CがBからこの手形の裏書譲渡を受けた。次の各場合に、Aは、Cの手形金請求を拒むためには、Cが手形取得時にどのような事由について悪意であったことを立証しなければならないか。

（一）　Bが売買の目的物を交付しないことを理由として、Aが、Cの手形取得後に売買契約を解除した。

（二）　Aが、Cの手形取得後にBに対する債権を自働債権として本件手形債権と相殺した。

（旧司法試験　平成元年度　第2問）

第1．設問（一）

1，　　A・B間の売買契約の解除。「人的関係に基づく抗弁」（人的抗弁、クワエ①、17）

　　（ii）原則拒むⅩ．

2，　くもっとも〉Cが「害スルコトヲ知リテ」（但）取得ならば味．

　　　　そこで、害意のイミ．

　　　　所持人が、取得時に、満期あるいは支払請求の時に、

　　　　債務者が　前者に抗弁対抗することが確実．

3，（i）〈本件〉目的物を受付しないことについて悪意なだけ．→ Ⅹ．

　　（ii）〈他方〉解除権行使することが確実なことについて悪意な場合 → ○

第2，設問（二）

1，　相殺 → 人的抗弁．

　　悪意といるイミは？

2，（i）　A代にに対し、自働債権となりうる債権を有していることにつき悪意なだけ → Ⅹ．

　　（ii）〈他方〉相殺することが確実といえる事由につき悪意な場合 → ○

172

第1. 設問(一)
1. Aが売買代金支払のためにBを受取人として約束手形を振り
出しているところ、Bが売買の目的物を交付しないことを理由として、
Aが、Cの手形取得後に売買契約を解除したことは、AB
間の「人的関係ニ基ク抗弁」(手形法(以下法名省略)
77条1項1号、17条本文、以下「人的抗弁」という。)に
あたる。　(以下省略)
　　そこで、Aは、Bから裏書譲渡をうけたCの手形金請求
に対し、17条本文により、原則として、前記の解除
をした旨を主張して、支払を拒むことはできない。

2. もっとも、Cが、Aを「害スルコトヲ知リテ」(17条但書、以下
「害意」という。)取得したといえる場合、Aは、Cの手形金請求
を拒むことができるところ、害意ありといえる為、Aは、いかなる事由に
ついて悪意であったことを立証しなければならないか、害意の意義
が問題となる。

　　この点、17条の趣旨が手形取得者保護にある点、Bが、「害スルコト
ヲ知リテ」との文言から、害意とは、単なる悪意を超えた認識というも
のを考えるべきである。

　　そこで、害意とは、手形所持人が、手形の取得
時に、満期ないしは、権利行使の時に、手形債務者が所持
人の前者に対し、抗弁を対抗することが確実であるとの認
識を有している場合を意味すると解する。

3.(1) 本件についてみると、Bが売買の目的物を交付していない
旨を認識しCが取得ことについて、Cが取得時に悪意で
あったというだけでは、Bが債務不履行に陥っているかも
明らかでなし、また、その時点ないし後にBが債務不履行
に陥ったとしても、Aが解除権を行使するかは定かでない。
　　そうであるとすると、Cは、取得時に、満期時に、AがBに対し抗弁を
対抗することが確実であるとの認識を有していたとまで
はいえず、害意ありといえ無いため、Axは、前記の
かかる事由についての悪意を立証しても、Cの請求を拒めない。

(2) これに対し、Aが甲Bに対して解除権を行使することが確実
相当と認められる事由、具体的には、Yが(BがCが)
既に履行遅滞に陥っており、Aが代金債権は履行済みで、
Aが(害意を)している(店頭591末尽世)といったような事由について、
Cが取得時に悪意であった場合、Cは、満期ないしは
権利行使の時に、Aが解除権を行使しBに対大料権を
対抗することが確実であるとの認識を有していたといえ、害意
ありといえる。

(3) 以上から、Aは、Cが取得時に、前記(2)で述べた事由に
つき悪意であったことを立証しなければならない。

第2. 設問(二)
1. Aが、C手形取得後に、Bに対する既存債権を自働
債権として、本件手形債権と相殺したことには、AB間

173

の人的抗弁にあたる。

　そこで、設問(一)と同様、Aは、Cが悪意で取得したという事情のない限り、Cの請求を拒むことはできない。

　それでは、Cが悪意で取得したというためには、Aは、Cが手形取得時にどのような事由について悪意であったことを立証しなければならないか。前記悪意の意義に照らし、検討する。

2 (1) まず、AがBに対し、自働債権となりうるような債権を有していたことについて、Cが取得時に悪意であったという事情は、相殺が通常債権者の共同を伴うものであるから、相殺を相殺をする抽ことが確実といえない以上、前記認識を持って、満期ないし権利行使のときに、Aが相殺を主張することが確実であるとの認識を有していたとまではいえず、悪意ありとはいえない。よって、前記悪意を立証しても、Aはこの請求を拒めない。

(2) これに対し、Aが相殺をすることが確実であると認められる事由、具体的には、例えば、Bには、AB間の本件売買の目的物以外に見るべき資産がなく、AのBに対する前記債権の回収が相殺以外では困難な状況にあったこと等の事由についてCが取得時に悪意であった場合、Cは、満期ないしは権利行使の時に、AがBに相殺をすることが確実であるとの認識を有していたといえ、悪意ありといえる。

(3) 以上から、Aは、前記(2)で述べた事由につき悪意であったことを立証しなければならない。
　　　　　　　　　　　　　　　　　　　　　　　以上

第 **18** 問

　甲が乙に対して手形要件が全て記載された額面100万円の約束手形を振り出したところ（以下「本件手形」という。），丙が裏書人欄に「乙代理人丙」と記載して丁に裏書譲渡した。

　①次の(1)(2)における手形法上の問題点について論ぜよ。なお，②本件手形において，裏書の連続は，認められるものとする。また，以下の小問は独立した問いである。

(1)　丁は満期に甲に手形金を請求したところ，③甲は，丙が乙から適法な代理権を与えられていなかったとして，これを拒んでいる。

(2)　④丙は乙から本件手形を盗取し，乙の代理人を名乗って丁に裏書譲渡した。⑤その事実に悪意の丁が満期に甲に対して手形金の支払を請求したところ，⑥甲は本件手形について盗難届が出されていることを知りつつ，丁に対して100万円を支払った。

Ⅲ　手形小切手法　▼　第18問

□ 出題論点

・善意取得の適用範囲 ……………………………………………………………… **B**

・悪意又は重過失（40Ⅲ）の対象 ……………………………………………… **B**

□ 問題処理のポイント

　本問も手形法分野からの出題です。本問では，民法に類似の制度がある手形法上の制度を扱っています。**第17問**の問題処理のポイントでも触れましたが，このような場合には，民法と何が同じで何が違うのか，という点を意識しながら学習をするとよいでしょう。

□ 答案作成の過程

1　小問(1)について

1　原則論

　丁の手形金支払請求に対して，③甲は，丙が乙から適法な代理権を与えられていなかったとして，これを拒んでいます。この主張が認められるのか否かが，本小問における①手形法上の問題点です。

　民法の原則からすると，無権代理人丙が介在しているため，有効な権利移転が

なく，丁が手形金支払請求をするためには，乙から追認（民法116条）を得るか，表見代理（民法109条，110条，112条）の規定によるか，いずれかの必要があります。

2 善意取得

では，これらの規定のいずれも適用できなかった場合，丁が他に主張できる法的構成はないのでしょうか。

丁としては，善意取得の規定（手形法77条1項1号（以下，準用規定である本条の記載は省略します。），16条2項）の適用を主張すべきでしょう。②本件手形には裏書の連続があり，手形法16条2項は，「事由ノ何タルヲ問ハズ為替手形ノ占有ヲ失ヒタル者アル場合ニ於テ所持人ガ前項ノ規定ニ依リ其ノ権利ヲ証明スルトキハ手形ヲ返還スル義務ヲ負フコトナシ」と定めており，「事由ノ何タルヲ問ハズ」との文言を用いていることからすれば，本小問のような無権代理行為も治癒の対象となることが考えられるからです。

善意取得の制度が前主の無権利以外の瑕疵をも治癒するものなのかについては，通説と有力説の対立があります。通説は，民法192条と同様の解釈を採ります。本問のような無権代理行為についていえば，上記のような代理制度が用意されている以上，ここで善意取得の規定の適用を認めてしまうと，2つの制度がバッティングしてしまうと主張します。これに対して，有力説は，上記文言や手形取引の安全を理由として，広く善意取得の規定を適用しようとします。

判例がいずれの見解なのか明らかではありません。最判昭35.1.12【手形小切手百選23】は，非限定説の立場に立つと解する立場もありますが，特殊な事案に関するものであり，限定説を排除するものではないという評価もあります。

そのため，答案上は，上記のいずれの立場に立っても構いません。解答例では，通説の立場から論じています。

2 小問⑵について

1 原則論

本小問では，丁の手形金支払請求に対して，⑥甲が丁に対して手形金100万円を支払っていますので，この支払が有効か否か問題となります。

本小問でも，④無権利者丙が介在しているため，有効な権利移転がなく，丁も無権利者です。また，⑤丁は悪意者ですので，善意取得の可能性もありません。

したがって，甲の丁に対する手形金の弁済は無効であるのが原則です。

2 支払免責（手形法77条1項3号，40条3項）

もっとも，支払免責の規定の適用があれば，弁済が有効になる可能性があります。これが認められるか否かが，本小問における①手形法上の問題点です。

支払免責の規定が適用されるためには，裏書の連続があること，支払人に「悪意又ハ重大ナル過失」がないことが必要です。

本問では，本件手形には，裏書の連続があるとされていますので，支払人の「悪意又ハ重大ナル過失」の有無を検討する必要があります。

　この「悪意又ハ重大ナル過失」の対象について，学説上対立があります。

　民法では，類似の制度として，受領権者としての外観を有するものに対する弁済（民法478条）がありますが，そこでは，悪意又は有過失の対象は，真実の債権者でなかった点であると解されています。

　これに対して，手形法における通説は，「悪意」とは，所持人の無権利を知っており，かつそれを立証し得る確実な証拠を有していながら故意に支払うことを意味し，「重大ナル過失」とは，通常の調査をすれば所持人の無権利を知り，かつその立証方法を入手できたのに，これを怠り無権利者に支払ったことを意味すると解しています（詐欺説）。判例も同様の立場に立つと解されています（最判昭44.9.12【手形小切手百選70】）。その理由は，裏書の連続が認められる手形については権利推定が認められる（手形法16条1項）こととの関係で，手形債務者の側で，手形所持人の無権利を立証しなければならず，悪意又は重過失の対象を単なる無権利であるとしてしまうと，手形債務者にとって酷な結果となってしまうことに求められています。

　この立場によれば，甲は，無権利であることを立証し得る確実な証拠を有しているか，通常の調査をすれば丁の無権利を知り，かつその立証方法を入手できたのに，これを怠り丁に支払った場合に限り，悪意者又は重過失者となり，甲の行った弁済が無効となります。

　逆に，そのような事情がない限り，甲の行った弁済は有効となります。問題文の事情からだけでは明らかではない部分がありますが，⑥本件手形について盗難届が出されているだけでは，無権利であることを立証し得る確実な証拠を有しているか，通常の調査をすれば丁の無権利を知り，かつその立証方法を入手できたのに，これを怠ったとはいい難いでしょう。

第1　小問(1)について
　1　無権代理人丙が介在しているから，有効な権利移転がない
　　　　　↓
　2　善意取得（手形16Ⅱ）の可能性
　　　　　↓
　　　裏書の連続あり
　　　　　↓
　　　善意取得の適用範囲
　　　　　↓
　　　限定説
　　　　　↓
　3　追認（民116）があるか，表見代理の要件（民109，110，112）を満たさない限り，手形金支払請求はできない

第2　小問(2)について
　1　無権利者丙が介在しているから，有効な権利移転がなく，丁も無権利者である
　　　→丁は悪意者であるから，表見代理の可能性もない
　　　　　↓
　　　弁済は無効であるのが原則
　　　　　↓
　2　支払免責の規定（手形40Ⅲ）の適用可能性
　　　　　↓
　　　悪意又は重過失（手形40Ⅲ）の対象
　　　　　↓
　　　詐欺説
　　　　　↓
　3　あてはめ

第1　小問(1)について　　　　　　　　　　　　　　　←小問(1)について
1　丁は無権代理人丙から手形を取得したものであるから，有　←原則論の指摘
　効な権利移転がなく，原則として丁は甲に対して手形金の支
　払を請求することができない。
2(1)　もっとも，丁が甲に対する手形上の権利を善意取得（手　←善意取得
　　形法（以下，法令名省略。）77条1項1号・16条2項）し
　　ていれば，丁は甲に対して手形金の支払を請求することが
　　できる。
　(2)　まず，本問手形には「裏書ノ連続」（77条1項1号・16　←裏書の連続
　　条2項・1項）が認められる。
　(3)　そうだとしても，乙丁間の裏書は無権代理人丙によって　←善意取得の適用範囲
　　なされている。そこで，善意取得は，このような代理権の
　　欠缺がある場合にも適用されるのか。
　　　　善意取得制度の趣旨は，16条1項により裏書の連続した　←論証
　　手形の所持人が権利者と推定されることを前提として，か
　　かる裏書の連続に対する信頼を保護し，手形取引の安全を
　　図るものである。かかる趣旨からすれば，裏書の連続によ
　　って推定されない事項に瑕疵がある場合には，善意取得制
　　度は適用されないと考える。
　　　　したがって，丁は善意・無重過失であっても，甲に対す
　　る手形上の権利を善意取得せず，無権利者である。
　　　　よって，原則として甲が丁の手形金の支払請求を拒んで

　　いることは妥当である。
3　ただし，乙の追認（民法116条）があるか，表見代理（民　←民法上の代理関係の規定は
　法109条，110条，112条）の要件を満たせば，有効に権利を　　最後に指摘しました
　取得するから，この場合には，甲の主張は不当である。
第2　小問(2)について　　　　　　　　　　　　　　　←小問(2)について
1　本小問において，丁は無権利者丙から本件手形の裏書譲渡　←原則論の指摘
　を受けているものの，かかる事実について悪意であるから善
　意取得が成立することはない。
　　　したがって，甲の弁済は，無権利者に対する弁済であって
　原則として無効である。
2　しかしながら，本件手形は，「裏書ノ連続」のある手形で　←支払免責
　ある。そこで，甲が「悪意又ハ重大ナル過失」なき限り，甲
　は免責される（77条1項3号・40条3項）。とはいえ，甲は
　本件手形について盗難届がなされていることを知りつつ，丁
　に対して100万円の手形金を支払っている。
　　　そこで，甲には「悪意又ハ重大ナル過失」があり，免責さ　←「悪意又ハ重大ナル過失」
　れないのではないか。「悪意又ハ重大ナル過失」の意義が問　　の意義
　題となる。
　　　　支払を強制される債務者の保護を図るべく，支払免責を広　←論証
　　く認めるべきである。免責を広く認めることで，手形債務者
　　の支払時における調査義務を軽減し，流通を促進することに
　　もつながる。そして，裏書が連続している場合，所持人は権

利者であると推定され（16条1項），債務者は支払を強制される立場にあるから，単に所持人の無権利を知っている（重過失がある）のみで免責されないのでは不都合である。証明が容易か否か分からない場合に免責を認めないとすれば，支払えば二重払の強制のおそれ，支払わなければ債務不履行のおそれが生じることとなるからである。

　したがって，「悪意」とは，所持人の無権利を知っており，かつそれを立証し得る確実な証拠を有していながら故意に支払うこと，「重大ナル過失」とは，通常の調査をすれば所持人の無権利を知り，かつその立証方法を入手できたのに，これを怠り無権利者に支払ったことをいうと解する。

3　本小問では，本件手形について盗難届がなされており，甲がそのことを知っているだけでは，「悪意又ハ重大ナル過失」は認められない。　　　　　　　　　　　　　　　　　　　←あてはめ

　上記のような意味における「悪意又ハ重大ナル過失」がある場合に限り，甲は免責を受けることができない。

以　上

　　甲が乙に対して手形要件が全て記載された額面１００万円の約束手形を振り出したところ（以下「本件手形」という。），丙が裏書人欄に「乙代理人丙」と記載して丁に裏書譲渡した。

　　次の(1)(2)における手形法上の問題点について論ぜよ。なお，本件手形において，裏書の連続は，認められるものとする。また，以下の小問は独立した問いである。

(1)　丁は満期に甲に手形金を請求したところ，甲は，丙が乙から適法な代理権を与えられていなかったとして，これを拒んでいる。

(2)　丙は乙から本件手形を盗取し，乙の代理人を名乗って丁に裏書譲渡した。その事実に悪意の丁が満期に甲に対して手形金の支払を請求したところ，甲は本件手形について盗難届が出されていることを知りつつ，丁に対して１００万円を支払った。

第1. 設問(1)

1. 丁の甲に対する 請求 ok?

2. くとの間 「裏書の連続」(77Ⅰ①.16Ⅰ). 権利推定. 遡及 ok.

3.(1) くもっとも 甲は代理人欠如主張 …… 立証あれば 丁は無権利
　　丁の 請求× が 原則.

(2) くそうだとしても 善意・無重過失で 取得した場合, 善意取得 (77Ⅰ①.16Ⅱ)?
　　代理権欠缺という 裏書の連続から 推定されない 事項のカス. 適用は?

　　　　　　→　×.

(3) くい 甲の立証あれば、丁の 請求×

第2. 設問(2)

1. 丙は盗取者, 丁は丙からの譲受人. 無権利
　　くい 甲の支払は無効. が 原則　　　　　　　　　　　支払

2.(1) くもっとも 裏書の連続する手形 → 丁にした甲の支払は {免責 (77Ⅰ③.40Ⅲ)?
　　　　　　　　　　　　　　　　　　　　{「悪意 又は 重大なし過失」ありといえないか.
　　　　　　　　　　　　　　　　　　　盗難届知っているので

(2)

(3) 本件の事情のみでは, 悪意重過失 ありといえない
　　くい 40Ⅲにより 免責される.

第1. 設問(1)

1. Jの甲に対する手形金の支払請求は認められるか。

2. この点、Jは、裏書の連続する手形の所持人であり、~~権利~~本件手形は裏書の連続が認められるもので、所持人であるJには、権利推定（手形法 ~~77条1項1号、16条1~~ 以下法令名省略）77条1項1号、16条1項）が及ぶから、Jの請求は認~~められるとも~~、通常認められる。

3(1) もっとも、本件で、甲は、丙がZから適法な代理権を与えられていないと主張してJの請求を拒んでいるところ、甲がかかる~~善意代理方~~事実の立証に成功した場合には、~~丙から~~本件手形~~手形~~を取得した者は実質的無権利~~者である~~者であるから、Jの請求は認められないのが原則である。

(2) そうだとしても、Jは、裏書の連続する本件手形の取得者であることから、善意・無重過失で取得した場合には善意取得（77条1項1号、16条2項）により保護されないか。本件丙J間の裏書譲渡については、丙の代理権欠缺という裏書の連続から推定されない事項についての瑕疵があるところ、かかる瑕疵がある場合にも、善意取得の適用があるかが問題となる。

この点、「事由ノ何タルヲ問ハズ」（16条2項）との文言からは適用を肯定すべきとも思える。

しかし、善意取得制度の趣旨は、争知の様子から、16条1項により、裏書の連続による権利推定が認められることを前提に、裏書の連続に対する信頼を保護し、手形取引の安全を図る点にある。かかる趣旨に鑑みれば、~~善意取得の適用は~~裏書~~裏書の連続によって推定されない事項に瑕疵がある場合、善意取得制度の適用はないと解する。

したがって、本件の丙子Jは、善意取得により保護される余地はない。

(3) 以上から、丙がZから適法な代理権を与えられていなかった事実について、甲が立証した場合には、Jの請求は認められない。

第2. 設問(2)

1. 丙は、Zから本件手形を窃取した者であり、Jは、かかる丙から本件手形の裏書譲渡をうけているから、本件手形について実質的無権利といえる。

そこで、甲が本件手形について、~~手~~Jの手形金の支払請求に応じて~~本件手形~~した100万円の支払いは、無権利者への支払いとして無効となる~~が原則である~~とも思える。

2.(1) もっとも、本件手形は、裏書の連続する手形~~の所持人~~であることから、所持人Jにした甲の支払いは、~~善意支払~~（77条1項3号、40条3項）されないか。甲は、本件手形について遺失届が出されていることを知りつつ、支払っているところ、「悪意又ハ重大ナル過失」（40条3項。以下「悪意重過失」という。）ありと言えないか、同文言の意義が問題となる。

(2) この点、40条3項~~の~~の趣旨は、手形の円滑な決済を図ることにある点、及び、手形債務者は支払を強制される立場にあり、その保護を

困るおそれがある点に鑑み、悪意・有過失の意義は通常より限定して考えるべきである。

　さらじ、悪意とは、容易に所持人の無権利を証明し支払を拒みうることを知りながらあえて支払ったこと、重過失とは、容易に所持人の無権利を証明し支払を拒みうるのに支払ったことについて重過失があること、をいうと解する。

(3)　本件では、甲は、本件手形について盗難届が出されていることを知っているが、本件手形はなお~~裏書連続性の欠缺~~は乙告の~~連続する~~手形であり、~~その~~善意取得の余地もある以上、かかる事情について知っているというのみでは、容易に、丁の無権利を証明して支払を拒みうることを知りながらあえて支払ったとも、支払ったことについて重過失があるともいえない。

　よって、本件の事情の下では、甲は、~~裏書又は裏書不~~悪意・重過失なく支払ったといえ、支払免責される。

　それ故、本件甲の支払いには、~~白地補充権に~~有効となる。

　　　　　　　　　　　　　　　　　　　　以上

Ⅳ　総合問題

①Y株式会社（以下「Y社」という。）の代表取締役Aは，振出人欄に「Y社A」と署名して，Bに対し2000万円の約束手形を振り出した（以下「本件手形」という。）。その後，BはXに本件手形を裏書譲渡した。

②Y社には，1000万円以上の手形を振り出す場合には取締役会の承認が必要である旨の定款の規定が存在するが，Aは本件手形の振出しに際し，取締役会の承認を得ていない。また，③Bは定款規定の存在及び取締役会決議を経ていないことを知っていたが，④Xは定款の存在すら知らなかった。

⑤XはY社に対し，手形金の支払を請求することができるか。もし，⑥Aが振出人欄に「Y社」と署名していた場合はどうか。

なお，本件手形の振出しは「多額の借財」（会社法第362条第4項第2号）に当たらないものとする。

■ **出題論点**

■ **問題処理のポイント**

本問は，手形法と会社法の融合問題です。融合問題は，比較的最近の旧司法試験や予備試験で出題がみられる形式です。

このタイプの問題は，事案が複雑になる傾向があり，会社法の知識と手形法の知識が絡み合うため，何を書けばよいのか分からなくなるという受験生が多いようです。

もっとも，解法は通常の会社法や手形法の問題，ひいては民法の問題と変わりません。

手形金支払請求をするためにどのような要件を備える必要があるのか，これを拒む側はどのような反論をなし得るのか，ということを1つ1つ考えていけばよいのです。

複雑な問題になったときこそ，基本に戻ることを心がけてください。

1 設問前段について

1 振出人の確定

⑤Xが，Y社に対し，手形金の支払を請求することができるためには，Aの振り出した手形の振出人がY社であると主張できなければなりません。

もっとも，①本件手形の振出人欄には，「Y社A」という署名があり，これはY社を意味するものとも，A個人を意味するものとも見ることができます。

この場合，いずれを振出人と見るべきなのでしょうか。

この点について，判例は，「法人の代表者が法人を代表して手形を振り出す場合には，手形に法人のためにする旨を表示して代表者自ら署名しなければならないが，手形上の表示から，その手形の振出が法人のためにされたものか，代表者個人のためにされたものか判定しがたい場合においても，手形の文言証券たる性質上，そのいずれであるかを手形外の証拠によって決することは許されない。そして，手形の記載のみでは，その記載が法人のためにする旨の表示であるとも，また，代表者個人のためにする表示であるとも解しうる場合の生ずることを免れないが，このような場合には，手形取引の安全を保護するために，手形所持人は，法人および代表者個人のいずれに対しても手形金の請求をすることができ，請求を受けた者は，その振出が真実いずれの趣旨でなされたかを知っていた直接の相手方に対しては，その旨の人的抗弁を主張しうるものと解するのが相当である。」と述べ，法人名義とも個人名義とも解することができ，真実いずれの趣旨なのかは，人的抗弁になるにすぎないとしました（最判昭47.2.10【手形小切手百選4】）。

この判例によれば，XはY社に対しても，手形金の支払請求をすることができます。

2 定款規定違反

Y社としては，②Y社には，1000万円以上の手形を振り出す場合には取締役会の承認が必要である旨の定款の規定が存在するにもかかわらず，Aは本件手形の振出しに際し，取締役会の承認を得ていないことを主張して，手形金の支払を拒むでしょう。

これに対して，Xとしては，代表権の不可制限性の規定の適用を主張して，手形金の支払を求めることが考えられます（会社法349条5項）。同項は，「前項の権限に加えた制限は，善意の第三者に対抗することができない。」と定めているところ，問題となるのは，「第三者」の範囲です。

代理行為（代表行為）の直接の相手方であるBがこれに当たることは争いがありません。しかし，③「Bは定款規定の存在及び取締役会決議を経ていないことを知っていた」ため，「善意」ではありません（厳密にいうと，同項の「善意」の対象は，定款規定の存在です。もっとも，Bが，仮に取締役会決議を経ている

と過失なく信じていた場合には，民法110条の類推適用があり得ますが，本問ではその可能性もありません。）。そこで，④定款規定の存在すら知らないXが「第三者」に当たることを主張して，手形金の支払を求めることが考えられるというわけです。

この点について，判例は，表見代理における「第三者」の範囲を直接の相手方に限るという立場を採っています（民法110条について最判昭36.12.12【手形小切手百選10】，商法24条について最判昭59.3.29【商法百選24】。ただし，判例は，直接の相手方に当たるか否かは，手形上の記載によって形式的に判断されるべきものではなく，実質的な取引の相手方をいうものと解すべきであるとしています。）。この判例の立場に従えば，Xは「第三者」に当たらないことになります。

したがって，Y社の反論が認められます。

3 善意取得（手形法16条2項）

そこで，Xとしては，善意取得を主張すべきでしょう。仮に，Bが無権利だとしても，善意取得の規定によることができれば，その瑕疵を治癒することができます。

善意取得が成立するためには，裏書の連続があることと，Xが善意無重過失であることが必要です（なお，その他に，手形法的権利移転方法により，期限前に譲り受けることも必要ですが，問題文に特に記載がない限り，この点は検討しなくてもよいでしょう。）。Xが定款規定の存在すら知らないことからすると，善意無重過失は認定できるでしょうが，前者については問題文の事情から明らかではありません。

そのため，裏書の連続が認められる場合には善意取得が成立するといった程度に論じておけば足ります。善意取得が認められれば，XはY社に対して，手形金の支払を請求することができます。

2 設問後段について

設問後段は，⑥Aが振出人欄に「Y社」と署名していた場合について問われています。このような法人による機関方式（代行方式）が認められるのか，という問題です。

この点について，判例（最判昭41.9.13【手形小切手百選2】）は，「裏書人が会社その他の法人である場合には，当該法人の代表機関が法人のためにすることを明らかにして自己の署名をすることを要するものと解するのが相当である。けだし，法人はその機関たる地位にある自然人と別個の人格を有するが，代理の場合と異なり，機関の法律行為を離れて別に法人の法律行為があるわけでなく，法人が裏書人である場合における法人の署名とはその機関の地位にある自然人の署名をいうものと解されるからである。」と述べ，法人による機関方式（代行方式）は認められないという立場に立ちました。

この判例の立場によれば，有効な署名を欠き，手形要件を満たさない（手形法

75条7号）手形は無効であるということになります。

　　したがって，Xは Y社に対して，手形金の支払を請求することはできません。

□ 答案構成

第1　設問前段について
　1　Y社，Aいずれに請求すべきか
　　　　↓
　2　いずれに対しても請求し得る
　　　　↓
　3　定款規定違反の代表取締役の行為の効力
　　　　↓
　　　代表権の不可制限性
　　　　↓
　　　Bは悪意，適用できない
　　　　↓
　　　Xに適用できないか
　　　　↓
　　　第三者の範囲
　　　　↓
　　　直接の相手方に限る
　　　　↓
　　　あてはめ
　　　　↓
　4　善意取得

第2　設問後段について
　1　法人の機関方式による署名の有効性
　　　　↓
　2　無効説
　　　　↓
　3　あてはめ

第1 設問前段について

1 本問において，Xが，Y社に対し，手形金の支払を請求することができるためには，Aの振り出した手形の振出人がY社であると主張できることが必要である。もっとも，当該手形は，振出人として「Y社A」という記載がなされている。そこで，当該記載は，Y社及びA個人のいずれが振出人なのかが問題となる。

2(1) 手形が文言証券であることからすれば，手形上の記載のみによって判断すべきである。そして，手形の記載のみでは，その記載が法人のためにする旨の表示であるとも，また，代表者個人のためにする表示であるとも解し得る場合には，手形取引の安全を保護するために，手形所持人は，法人及び代表者個人のいずれに対しても手形金の支払を請求することができると解すべきである。真実としていずれの趣旨なのかは，人的抗弁となるにすぎない。

(2) 本問では，手形上の記載からは，振出人はY社であるともA個人であるとも解し得るので，Xは，本件手形の振出人がY社であると主張できる。

3(1) もっとも，Y社には，1000万円以上の手形を振り出すには取締役会の承認が必要との定款が存在するにもかかわらず，Aは取締役会の承認を得ずに2000万円の手形を振り出している。

そこで，Y社としては，この定款規定違反を理由として，本件手形の振出しがY社に効果帰属しないと反論するだろう。

(2) しかし，かかる定款の規定は，代表権の制限規定であるので，善意の「第三者」に対抗できない（会社法349条5項）が，悪意のBに対しては定款の制限を対抗できる。

なお，定款規定の存在に悪意であっても，内部的制限が解除されたこと（取締役会決議を経ていること）につき善意・無過失である場合には，民法110条の類推適用によって，保護される余地があるが，BはY社取締役会決議を欠くことについても悪意であるから，やはりBが保護される余地はない。

(3) しかし，Xは，定款の制限について善意なので，Xが「第三者」に当たれば，Y社はその制限をXに対抗できず，Xの手形金の支払請求を拒めないことになる。

もっとも，Xは，転得者であって，手形行為の直接の相手方ではない。このような者も「第三者」に当たるのか。

「第三者」とは，代理行為の相手方を指すと解するのが自然であるし，法律行為の効果は，その成立の時点で確定すべきものであるところ，このことは手形法上も異ならないのであり，特定の手形債務者の手形債務の成否の問題は，物的抗弁である。したがって，「第三者」とは，手形行為

右側注釈：
← 設問前段について
← 振出人の解釈
← 論証
← Y社の反論
← Xの再反論
← 「第三者」の範囲
← 論証

の直接の相手方に限定すべきであり，転得者は含まれない
　　と解すべきである。
　　　　よって，Ｘは「第三者」に当たらない。
　4　もっとも，本件手形に裏書の連続が認められる場合には，　　←善意取得
　　Ｘは，善意・無重過失であると思われることから，本件手形
　　を善意取得する（手形法77条1項1号，16条1項2項）。
　　　　善意取得が認められる場合には，Ｙ社に対して手形金の支
　払を請求することができる。
第2　設問後段について
1　本問では，Ａは「Ｙ社」と署名しているのみなので，この　　←法人による機関方式（代行
　ような法人の機関方式による署名は手形法75条7号の「署名」　　　方式）の可否
　として認められるか。
2　法人は，その機関たる地位にある自然人と別個の人格を有　　←論証
　するが，代理の場合と異なり，機関の法律行為を離れて別に
　法人の法律行為があるわけではなく，法人の署名とは，その
　機関の地位にある自然人の署名をいうと考える。
　　　したがって，機関方式による法人の署名は，手形法75条7
　号の「署名」として認められず，有効な「署名」といえるに
　は，代表関係を手形に記載した上で代表機関の署名をする必
　要があると解する。
3　本問では，代表取締役Ａは，「Ｙ社」と署名しているのみ
　なので，有効な「署名」とはいえず，手形は無効である。

　　　したがって，Ｘは，Ｙ社に対し，手形金の支払を請求する
　ことはできない。
　　　　　　　　　　　　　　　　　　　　　　　　以　上

Y株式会社（以下「Y社」という。）の代表取締役Aは，振出人欄に「Y社A」と署名して，Bに対し２０００万円の約束手形を振り出した（以下「本件手形」という。）。その後，BはXに本件手形を裏書譲渡した。

Y社には，１０００万円以上の手形を振り出す場合には取締役会の承認が必要である旨の定款の規定が存在するが，Aは本件手形の振出しに際し，取締役会の承認を得ていない。また，Aは定款規定の存在及び取締役会決議を経ていないことを知っていたが，Xは定款の存在すら知らなかった。

XはY社に対し，手形金の支払を請求することができるか。もし，Aが振出人欄に「Y社」と署名していた場合はどうか。

なお，本件手形の振出しは「多額の借財」（会社法第３６２条第４項第２号）に当たらないものとする。

第1. 「Y社A」と署名している場合.

1. 振出人は Y社かA個人か？

　　文言証券（手形75,76Ⅰ）＋取引の安全 → 法人とも個人とも主張可

　　(∵) Y社である と主張ok.

2. くそうだとはの 内規違反. 振出は実質的無権

　　(∵) 請求Xが原則

3.(1) ①もし,2も①Bが「第三者」(会社法349Ⅴ)にあたり, 悪意とられた.

　　②X自身が「第三者」にあたる

　　　旨主張して保護されないか.

(2) ①について,

　　・内規の存在 知っていた. 「善意」×

　　・取締役会決議欠くこと知っていた. 月110 類推によっても保ゴ×

　　　→ ×

(3) ②について.

　　「第三者」は, 直接の相手方に限る. → ×.

4. 本件は, 振出無効. → 善意取得（手77①,16③）も×.

5. 原則通り×　　　Z　Xは Bに遡求しうるので不当ではない.

第2. 「Y社」と署名している場合.

1. 振出人は Y.

2. その他は同じ, ×.

第1.「Y社A」と署名している場合.

1. Xの手形金支払請求が認められるためには、本件手形の振出人がY社であると主張できることが必要である。もっとも、本件手形の振出人欄には、「Y社A」と署名があるとともに、本件手形の振出人は、Y社とA個人のいずれかとみるべきかが問題となる。

この点、手形が文言証券であること(手形法75条、76条1項)に鑑み、振出人が誰であるかは手形上の記載に従い判断すべきである。そして、手形の記載のみでは、法人のための表示か個人のための表示か判別がつかない場合には、手形取引の安全を図るべく、所持人は、法人と個人のいずれに対しても手形上の権利を主張できると解する。

本件手形の振出人は、前記のとおり「Y社A」となっており、Y社とA個人のいずれとみることも可能であるが、Xは、Yが振出人である旨を主張し、本件手形につき、手形金の支払を請求することができると考える。

2. そうだとしても、Y社には、1000万円以上の手形を振り出す場合には取締役会の承認が必要である旨の定款規定が存在するところ、Aは、2000万円の本件手形の振出に際し、取締役会の承認を経ていないことから、本件手形の振出は実質的に無効といえる。

そこで、Xは、Y社に対する本件手形金支払請求をできないのが原則である。

3.(1) もっとも、前記定款規定は、取締役の業務執行権限の制限

(会社法349条5項)にあたるので、① Bが「第三者」にあたり、かかるBからXは善意取得をうけた旨、あるいは、② X自身が「第三者」にあたる旨を主張することで、Xは保護されないか。

(2) まず① Bが「第三者」として保護されないか検討するに、Bは前記定款規定の存在を知っていたのだから「善意の」第三者とはいえない。

また、仮に定款規定の存在を知っていても、取締役会決議を経ていないことについて善意・無過失の者は、民法110条類推により保護される余地があるが、と解されるが、本件のBは、取締役会決議を経ていないことも知っていたのだから、これにより保護される余地もない。

そこで、Bは保護されず、かかるBから善意譲渡をうけたとしてXが保護される余地はない。

(3) 次に、② X自身が「第三者」として保護されないか検討するに、確かに、Xは定款の存在すら知らなかったのだから前述した権限の制限につき「善意」といえる。

しかし、会社法349条5項の趣旨は、代表取締役の権限に制限がないと信じた相手方を保護する点にあるから、「第三者」とは取引の直接の相手方に限ると解される。

よって、直接の相手方でないXは「第三者」にあたらない。何らかとして保護することはできない。

(4) したがって、Xは会社349条 会社法349条5項では保

193

誤でれない。

4、さらに、本件手形について裏書の連続がある場合には、Xは、前記よ定款規定の存在等について善意・無重過失と考えうることから、善意取得（手形法77条1項1号、16条2項）により保護されないかが問題となるも、否定すべきと考える。

なぜなら、本件手形の振出は前記のように実質的に無効であり、Bの下で手形上の権利が発生していない以上、Xがこれを善意取得することもありえないと考えられるからである。

5、以上から、前述した原則の通り、XはY社に対し、本件手形について手形金の支払を請求することはできない。

かく解することは、Xにとり酷とも思えるが、Xは、善意・前記振出無効について善意・無重過失と考えうることから、手形行為独立の原則（手形法77条2項、7条）により、Bに遡求（77条1項3号、43条）しうると考えられ、かかる結論も不当とはいえない。

第2、「Y社」と署名している場合。

1、この場合、Y社が振出人であることに問題はない。

2、もっとも、振出無効であることについて事情はかわらない以上、第1で述べた場合と同様に、XはY社に対し、手形金の支払を請求することはできない。

以上

第**20**問

①甲株式会社（以下「甲社」という。）は，取締役会設置会社であり，代表取締役はAである。また，②甲社の取締役であるBは，乙社の代表取締役を兼任している。

③甲社の代表取締役Aは，Bからの依頼に基づき，乙社が所有するトラックを買い受けることにした（以下「本件売買契約」という。）。④Aは，このトラックの購入代金の支払のために，甲社を振出人，乙社を受取人とした約束手形1通（以下「本件手形」という。）を振り出した。⑤Aは，本件売買契約については，甲社の取締役会決議を経ていたものの，本件手形の振出しについては，取締役会の承認を受けていなかった。

⑥満期に乙社が甲社に対して，本件手形を呈示して，手形金の支払を求めた場合，甲社はこれを拒むことができるか。⑦乙社が本件手形を丙社に裏書譲渡した後，丙社が，満期に甲社に対して，手形金の支払を求めた場合はどうか。

なお，⑧本件手形の振出しが「多額の借財」（会社法第362条第4項第2号）に当たらないことを前提としなさい。

█ 出題論点

█ 問題処理のポイント

本問も，会社法と手形法の融合問題です。

問題処理のポイントは，**第19問**を参照していただきたいのですが，利益相反取引と手形取引という論点についていうと，本当に利益相反取引に当たるのかという視点を持っておいてください。例えば，原因関係が利益相反取引に当たらない場合，手形取引だけ切り離されて利益相反取引に該当するのは不当ではないか，という視点です。

この点は，平成22年度旧司法試験商法第2問で問われていますので，本問と併せて確認してください。

1 設問前段について

1 甲社の主張

設問前段では，⑥甲社が乙社の手形金支払請求を拒むことができるかが問われています。

甲社が着目するのは，⑤「Aは，本件売買契約については，甲社の取締役会決議を経ていたものの，本件手形の振出しについては，取締役会の承認を受けていなかった。」という事情でしょう。つまり，①甲社代表取締役「Aは取締役会決議を経るべきであるにもかかわらず，これを経ることなく，本件手形を振り出した。そうだとすれば，甲社は本件手形の支払請求に応じる必要はない」ということです。

そこで，まず，Aは，本件手形を振り出すために，取締役会決議を経る必要があったのか検討しなければなりません。

⑧本件手形の振出しが「多額の借財」に当たらないとされているので，②取締役会決議が必要になるとすれば，Bが乙社の代表取締役を兼任していることが理由となるでしょう。Bは甲社の取締役であるにもかかわらず，乙社のために行動しているので，Bと甲社の利益が相反し，利益相反取引（会社法356条1項2号3号）に当たる可能性があります。

2 利益相反取引該当性

そこで，利益相反取引に当たるか否かを検討します。

まず，直接取引について定める同項2号から検討します。2号に当たらない場合には，間接取引を定める3号に当たらないか検討します。

同項2号は，「取締役が自己又は第三者のために株式会社と取引をしようとするとき。」と定めています。解釈上問題となるのは，「ために」の意義についてです。この点については，名義説と計算説の対立があるのですが，名義説が通説です。計算説は，利益相反取引を実質的に捕捉しようとするものですが，その役目は間接取引を定める3号に任せれば足りると考えられているからです。

そこで，本件手形の振出しが直接取引に当たるかを検討すると，甲社の「取締役」であるBが，「第三者」乙社の代表者として，「株式会社」甲社と，本件手形の振出しという「取引をしようとするとき」に当たります。そうすると，本件手形の振出しは直接取引に当たり，これについても，別途取締役会の承認が必要であるようにも思われます。

しかし，本件手形は，③④本件売買契約の支払のために振り出されたものにすぎません。そのため，本件売買契約についてのみ甲社取締役会の承認を経ていれば足り，別途本件手形の振出しについて取締役会の承認を経る必要はないのではないでしょうか。

この点について，判例は，「およそ，約束手形の振出は，単に売買，消費貸借等の実質的取引の決済手段としてのみ行なわれるものではなく，簡易かつ有効な信用授受の手段としても行なわれ，また，約束手形の振出人は，その手形の振出により，原因関係におけるとは別個の新たな債務を負担し，しかも，その債務は，挙証責任の加重，抗弁の切断，不渡処分の危険等を伴うことにより，原因関係上の債務よりもいっそう厳格な支払義務であるから，会社がその取締役に宛てて約束手形を振り出す行為は，原則として，商法265条（注：現会社法356条）にいわゆる取引にあたり，会社はこれにつき取締役会の承認を受けることを要するものと解するのが相当である。」と判示しています（最大判昭46.10.13【会社法百選55】【手形小切手百選37】）。

　この判例には，複数の個別意見が付されているのですが，ひとまず多数意見の見解にしたがって検討すると，本件売買契約だけでなく，本件手形の振出しについても取締役会の承認が必要であるということになります。

3　承認なき利益相反取引の効力

　では，取締役会決議を経ていないことを理由として，手形金の支払を拒むことができるのでしょうか。

　この点について，前掲最大判昭46.10.13【会社法百選55】【手形小切手百選37】は，「手形が本来不特定多数人の間を転々流通する性質を有するものであることにかんがみれば，取引の安全の見地より，善意の第三者を保護する必要があるから，会社がその取締役に宛てて約束手形を振り出した場合においては，会社は，当該取締役に対しては，取締役会の承認を受けなかったことを理由として，その手形の振出の無効を主張することができるが，いったんその手形が第三者に裏書譲渡されたときは，その第三者に対しては，その手形の振出につき取締役会の承認を受けなかったことのほか，当該手形は会社からその取締役に宛てて振り出されたものであり，かつ，その振出につき取締役会の承認がなかったことについて右の第三者が悪意であったことを主張し，立証するのでなければ，その振出の無効を主張して手形上の責任を免れえないものと解するのを相当とする」と判示しています。この判例の立場は相対的無効説と呼ばれています。

　本問は，同判例のように，会社が，当該会社の取締役に対して手形を振り出した（その後第三者に裏書譲渡された）事案ではなく，②④その取締役（B）が代表取締役を務める別の会社（乙社）に対して手形を振り出した事案です。

　そのため，その別の会社に対して無条件に無効主張をすることができるかは問題となりますが，一般的には，取締役が第三者を代理・代表してした取引については，会社取締役間の取引と同様に考えることができると解されていますので，無条件に無効主張をすることができると考えてよいでしょう。

　以上から，甲社は，乙社の手形金支払請求を拒むことができます。

2 設問後段について

⑦設問後段では，第三者丙社の手形金支払請求を拒むことができるかが問われています。

丙社は，前掲最大判昭46.10.13【会社法百選55】【手形小切手百選37】がいう「第三者」に当たります。

そのため，甲社が，「当該手形は会社からその取締役に宛てて振り出されたものであり，かつ，その振出につき取締役会の承認がなかったことについて」丙社が悪意であることを「立証するのでなければ，その振出の無効を主張して手形上の責任を免れえない」ということになります。

なお，判例がいう「悪意」については，重過失者を含むか否か争いがありますが，含むと解する説が多数を占めるようですので，この立場によって論じればよいでしょう。

■答案構成

第1　設問前段について
　1　甲社の主張
　　　↓
　2　直接取引に該当する
　　　↓
　3　手形行為が利益相反取引に当たるか
　　　↓
　　　肯定説
　　　↓
　4　承認なき利益相反取引の効果
　　　↓
　　　あてはめ

第2　設問後段について
　　　丙社が悪意又は重過失であることを主張・立証しない限り，手形金支払請求を拒めない

第1　設問前段について

1　甲社は，本件手形の振出しが利益相反取引（会社法（以下，法令名省略。）356条1項2号，365条1項）に当たるにもかかわらず，取締役会の承認を得ていないことを理由に，乙社からの手形金請求を拒むと思われる。

2　本件手形は，甲社の取締役であるBが乙社を代表して振出しを受けたものである。

　　ここで，356条1項2号にいう「ために」とは，名義の意味に解すべきである。実質的に取締役と会社の利益が相反する取引については，同項3号の取引として規制すれば足りるからである。

　　そうすると，本件手形の振出しは，甲社の「取締役」であるBが，「第三者」乙社の代表者として，「株式会社」甲社と，本件手形の振出しという「取引をしようとするとき」に当たるから，直接取引に該当する。

3　もっとも，原因関係たる本件売買契約については甲社取締役会の承認を経ているのであるから，手形行為は独自に同号に定める「取引」に当たらないのではないか。

　　同号の趣旨は取締役が自己に有利で会社に不利な取引をすることにより会社に損害を与えることを防止することにある。そして，手形債務は，挙証責任の加重（手形法16条1項），抗弁の切断（同法17条），不渡処分の危険性等を有すること

から，原因関係上の債務とは別個に捉えるべきである。
よって，手形の振出しも「取引」に当たると解する。

4(1)　では，利益相反取引に当たるにもかかわらず会社の承認を得ていない場合，その効果をいかに解すべきか。

　　このような場合，その取引の効果は原則として無権代理に準じて無効と考えるべきである（356条2項反対解釈）。しかし，会社が常に無効を主張できるとしては，取締役会の承認の有無を知ることが困難な第三者の取引の安全を阻害する。

　　そこで，第三者に対しては，当該手形行為が利益相反取引に当たること及びそれにつき取締役会の承認がないことについての悪意を会社が主張立証しない限り，無効を主張できないと解する。なお，重過失者は悪意者と同視することができると解すべきであるから，会社は上記各事実についての第三者の重過失を主張立証することによっても，無効主張をすることができる。

(2)　甲社取締役であるBが乙社の代表者として「取引」を行っているから，乙社は，利益相反取引に当たること，それについて甲社取締役会の承認を得ていないことを知り得るといえる。

　　したがって，取引の安全を保護する必要はないから，上記にいう「第三者」には当たらないと解すべきである。

右欄の注記:
- ←設問前段について
- ←直接取引に当たる旨の指摘　条文の要件を満たすことはほぼ明らかなので，問題によってはもっと短く論じてしまってもかまいません
- ←手形行為が利益相反取引に当たるか
- ←論証
- ←承認なき利益相反取引の効果
- ←論証
- ←あてはめ

よって，甲社は本件手形の振出しが無効であることを主
　張して，乙社からの手形金支払請求を拒むことができる。
第2　設問後段について　　　　　　　　　←設問後段について
　　丙社は甲社からみて上記にいう「第三者」であるから，甲
社は，丙社が本件手形の振出しが利益相反取引に当たること，
それにつき甲社取締役会の承認を得ていないことについて悪
意又は重過失であることを主張・立証しない限り，丙社から
の手形金請求を拒むことができない。
　　　　　　　　　　　　　　　　　　　　　　　　以　上

　　　甲株式会社（以下「甲社」という。）は，取締役会設置会社であり，代表取締役はAである。また，甲社の取締役であるBは，乙社の代表取締役を兼任している。
　　　甲社の代表取締役Aは，Bからの依頼に基づき，乙社が所有するトラックを買い受けることにした（以下 本件売買契約 という。）。Aは，このトラックの購入代金の支払のために，甲社を振出人，乙社を受取人とした約束手形1通（以下 本件手形 という。）を振り出した。Aは，本件売買契約については，甲社の取締役会決議を経ていたものの，本件手形の振出しについては，取締役会の承認を受けていなかった。 ✕
　　　満期に乙社が甲社に対して，本件手形を呈示して，手形金の支払を求めた場合，甲社はこれを拒むことができるか。乙社が本件手形を丙社に裏書譲渡した後，丙社が，満期に甲社に対して，手形金の支払を求めた場合はどうか。
　　　なお，本件手形の振出しが「多額の借財」（会社法第362条第4項第2号）に当たらないことを前提としなさい。

第1. 乙の手形金請求拒めるか.

1. 本件売買Kは 利益相反取引（356 I ②）

　　　(∵) B社が代取となっている 乙社が相手方.

　くそうだとしても〉 本件手形の振出行為は, 利益相反「取引」にあたるか?

　　　手形の振出しには, 役会決議（365 I, 356 I ②）欠くから問題

2,

　　　　→ ○

3, く∵〉 甲は, 役会決議欠くこと理由に, 無効主張し拒める.

第2, 丙の請求 拒めるか.

1, 甲は, 乙から裏書譲渡うけた丙の請求拒めるか.

　　　利益相反の直接の相手方でない丙に, 役会決議を欠いた無効を主張できるか.

2,

　　　→ 第三者に対しては, 役会決議欠くこと⊕悪意主張・立証しない限り無効主張✕.

3, く本件〉 甲は, 〜 を主張・立証しない限り, 拒めない

　　　　　　　　　　　　　　　　　　　　　　　以上

第1. 乙の手形金支払請求を甲が拒むことができるか、について

1 本件売買契約は、甲社の~~取締役~~Bが代表取締役となっている乙社を相手方とするもので、甲社の「取締役」であるBが「自己又は第三者のために、~~甲「株式会社と取引~~甲社と取引をしようとするとき」にあたるから、問題なく利益相反取引（会社法（以下法令名省略）356条1項2号）~~にあたる~~といえる。

そうだとしても、トラックの購入を内容とする本件売買契約の購入代金の支払のためにした本件手形の振出し行為も利益相反「取引」（同条項同号）に該当するか。実は、本件売買契約については、甲社の取締役会決議を経ていたもの、本件手形の振出しについては、経ていないことから、（仮に前記「取引」に該当すれば）必要な手続（365条1項、356条1項2号）を欠くことになるといえ、問題となる。

2, この点、利益相反取引を制限した~~趣旨~~356条1項2号、3号、365条等の趣旨は、会社と取締役の利益が相反する場合に、取締役が自己の利益を優先して会社の利益を害することを防止する点にある。~~そして、~~~~結果~~手形の振出し行為は、これにより、~~振出~~振出人が原因関係と別個の債務を負担し、しかも、同債務は、立担保責任の加重、抗弁の切断などを伴なう厳格な支払債務であるから、会社を振出人とする場合、その利益を害するおそれがある。~~利益相反~~~~そこで、~~~~和手形~~前記趣旨が妥当し、手形手形の振出も「取引」に該当すると解する。~~（利益相反）~~（356条1項2号）

3. したがって、Bがした本件手形の振出しも、「取引」にあたる。

~~そうて、~~~~甲は、~~甲は、前記本件手形の振出しについて、必要な取締役会の~~予想した議~~決議（365条1項、356条1項2号）を欠くことを理由に、その無効を主張し、振出行為の相手方である乙社の手形金支払請求を拒むことができる。

第2, 丙の手形金支払請求を拒むことができるか、について

1, 甲は、乙から裏書譲渡をうけた丙へ手形金支払請求を拒むことができるか。利益相反取引の直接の相手方でない丙に、取締役会手続決議を欠くため無効があることを対抗できるが、問題となる。

2, この点、前述した356条1項2号、3号、365条等の趣旨に鑑み、取締役会の手続を欠く利益相反取引は、相手方との関係では、原則的に無効である。~~もっとも、取締役会~~

もっとも、取引安全の見地から、第三者に対しては、当該利益相反取引につき取締役会の手続を経なかったことのほか、第三者が~~善意~~そのことについて悪意であることを主張・立証しなければ、無効主張ができないものと解する。

3, したがって、本件でも、甲は、本件手形の振出しについて取締役会の承認を欠くこと、Bが、そのことについての丙の悪意を主張・立証しない限り、丙の手形金支払請求を拒むことはできない。

以上.

判例索引

アガルートアカデミーは，
2015 年 1 月に開校した
オンラインによる講義の配信を中心とする
資格予備校です。

「アガルート（AGAROOT）」には，
資格の取得を目指す受験生の
キャリア，実力，モチベーションが
あがる道（ルート）になり，
出発点・原点（ROOT）になる，
という思いが込められています。

INTERVIEW

上田 亮祐さん

平成29年度司法試験総合34位合格
神戸大学・神戸大学法科大学院出身

―― 法曹を目指したきっかけを教えてください。

　私は，小学生の頃にテレビに出ていた弁護士に憧れを抱いて，弁護士を目指すようになりました。

―― 勉強の方針とどのように勉強を進めていましたか？

　演習を中心に進めていました。

　アガルートアカデミーの講座の受講を始めたのはロースクール入学年の2015年4月からなのですが，それまでは別の予備校の入門講座，論文講座を受講していました。しかし，そこでは「まだ答案の書き方が分からないから，とりあえず講座の動画を消化しよう。消化していけば答案の書き方が分かるようになるはずだ」と考え，講義動画を見たり，入門テキスト，判例百選を読むだけで，自分でほとんど答案を書かず実力をつけられないままロースクール入試を迎えました。

　なんとか神戸大学法科大学院に入学し，自分の実力が最底辺のものでこのままでは２年後の司法試験合格どころかロー卒業すらも危ういと分かると，司法試験の勉強として何をすれば良いのかを必死で考えるようになりました。そして，「司法試験は，試験の本番に良い答案を書けることができれば合格する試験である」という当たり前の命題から，「少しでも良い答案を書けるように，答案を書く練習をメインに勉強しよう」と考えるようになりました。

　そこで，総合講義300を受講し直しつつ，重要問題習得講座のテキストを用いて，論文答案を書く練習を勉強のメインに据えていました。また，なるべく手を広げないように，同じ教材を繰り返すことを心がけていました。

―― 受講された講座と，その講座の良さ，使い方を教えてください。

【総合講義300】

　総合講義300の良さは，講義内でテキストを３周するシステムだと思います。

　以前受講した別の予備校の入門講座は，民法だけで100時間以上の講義時間があ

る上，テキストを1周して終わるため，講義を受け終わると最初の方にやったことをほとんど覚えていないということが普通でした。しかし，アガルートの総合講義は，講義内でテキストを3周するため，それまでにやったことを忘れにくい構造になっていると感じました。テキストも薄く持ち運びに便利で，受験生のことをしっかり考えてくれていると思いました。

【論証集の「使い方」】

短い時間で各科目の復習，論点の書き方の簡単な確認ができるのがとても優れています。講義音声をダウンロードして，iPodで繰り返し再生していました。

【論文答案の「書き方」】

答案の書き方が分からない状態というのは，「今は書けないから，問題演習しないでおこう，答案を書かないでおこう」と考えがちなのですが，そんな初学者状態の受験生に，強制的に答案を書く契機を与えてくれるので，そういう点でこの講座は有益だったと思います。他のテキストではあまり見ない「答案構成例」が見られるのも初学者の自分には助かりました。また，重要問題習得講座のテキストを用いた演習方法は，この講座で工藤先生がやっていたことをそのままやろうと考えて思いついたのであり，この講座がなければ勉強の方向性が大きく変わっていたのではないかと思います。

【重要問題習得講座】

テキストが特に優れています。予備校の講座内で使用されているテキストは，口頭・講義内での説明を前提としているため，解説が書かれていなかったり不十分なことが多いのですが，重要問題習得講座のテキストは十分な解説が掲載されていますし，論証集，総合講義の参照頁も記載されていますから，自学自習でも十分にテキストを利用することができます。

【旧司法試験論文過去問解析講座（上三法）】

テキストに掲載されている解説が詳細であるのみならず，予備試験合格者が60分で六法以外何も見ずに書いた答案が掲載されており，予備試験合格者のリアルなレベルを知ることができたのはとても有益でした。完全解を目指すためには模範答案を，とりあえず自分がどの程度のレベルに到達しているのかを測るためには予備試験合格者の答案を見れば良かったので，全司法試験・予備試験受験生に薦めたい講座の1つです。

—— 学習時間はどのように確保していましたか？

学習時間はローの講義のない空きコマで問題を解くようにしていました。また，集中できないときはスマホの電源を切ってカバンの中にしまったり，そもそもスマホを持って大学に行かないようにすることで，「勉強以外にやることがない」状況を意図的に作り出すようにしていました。

—— 振り返ってみて合格の決め手は？　合格にアガルートの講座はどのくらい影響しましたか？

　　演習中心で勉強し，細かい知識に拘泥することなく，「受かればなんでも良い」という精神で合格に必要な最短コースを選ぶことができたのが合格の最大の決め手になったのだと思います。重要問題習得講座は，そのような演習中心の勉強をするに当たりかなり有益でした。また，論証集の「使い方」についても，その内容面はもちろん，勉強方法について講座内でも，工藤先生は再三「受かればなんでもいい」「みなさんの目的は法学を理解することではなく，受かること」と仰っており，講義音声を聞き返す度にこれを耳にすることになるので，自分の目的意識を明確に保つことができたように思います。

—— 後進受験生にメッセージをお願いします。

　　私自身もそうでしたが，よく思うのは，「合格者に勉強方法などについて質問をたくさんする人ほど，自分で勉強する気がない」ということです。勉強方法や合格体験談の情報をたくさん集めるだけで，なんとなく自分の合格が近づいたように錯覚してしまい，真面目に勉強しなくなるというのは私自身が経験した失敗です。受験生がやるべきことは，失敗体験を集めた上で，その失敗を自分がしないようにすることだと思います。私は講義動画を視聴するだけで自分では答案を書かなかったために，ロー入学時点で答案の書き方が全く分からない，答案が書けないという失敗を犯しました。受験生の方には，ぜひとも私と同じ失敗をしないようにしていただきたいと思います。

Profile

上田 亮祐 （うえだ・りょうすけ） さん

25歳，神戸大学法科大学院出身。
平成28年予備試験合格（短答1998位，論文173位，口述162位），
司法試験総合34位（公法系199〜210位，民事系70〜72位，
刑事系113〜125位，選択科目（知的財産法）3位，論文34位，
短答455位），受験回数：予備，本試験ともに1回ずつ。

合格者インタビュー

INTERVIEW

福澤 寛人 さん

平成30年度司法試験予備試験合格
令和元年度司法試験１回目合格　慶應義塾大学出身

—— 法曹を目指したきっかけを教えてください。

　法律の勉強が楽しく，法律を扱う仕事をしたいと感じたからです。弁護士の業務への興味よりも，法律学への興味が先行していました。

—— どのように勉強を進めていましたか？

　総合講義300を受講したあとに，ラウンジ指導を受け，論文を書き始めました。今思えば，総合講義300と論文答案の「書き方」・重要問題習得講座は並行して受講すべきであったと感じています。

　勉強の方針としては，手を広げすぎず，アガルートの講座を中心に勉強をしました。また，特に過去問の分析にも力を入れ，本試験というゴールを意識した勉強をするよう心掛けていました。

—— 受講された講座と，その講座の良さ，使い方を教えてください。

【総合講義300】

　総合講義300は，300時間という短時間で法律科目全体を学べる点が良かったです。講座自体はとても分かりやすいのですが，法律そのものが難解ですので，どうしても理解できない箇所がありました。しかし，工藤先生がおっしゃる通り，分からない箇所があったとしても，一旦飛ばして先に進むという方針で勉強をしました。その結果，躓くことなく，また，ストレスを感じることなく，勉強を進めることができました。

【論文答案の「書き方」】

　この講座は，論文の書き方の基礎をさらっと学べる点が良かったです。この講座は，受講をした後に，練習問題を実際に書き，先生に添削していただくという使い方をしました。

【重要問題習得講座】

　この講座は，全ての問題を解くことで，重要な論点の論文問題をこなせる点が

良かったです。この講座は、答案構成をした後に解説講義を聴き、自分の答案構成と参考答案を見比べ、自分に何が足りていないかを分析するという使い方をしました。

【論証集の「使い方」】

　この講座は、繰り返し聴くことで、自然と論証が頭に入ってくる点が良かったです。この講座は、iPhoneに音声を入れ、1.5倍速ほどのスピードで繰り返し聴くという使い方をしました。

【予備試験過去問解析講座】

　この講座は、難解な予備試験の過去問について、丁寧に解説がなされている点が良かったです。この講座は、予備試験の論文の過去問を実際に解いた後に、講義を聴くという使い方をしました。

―― 学習時間はどのように確保していましたか？

　隙間時間を有効に活用することで、最低限の学習時間を確保するよう意識していました。勉強に飽きたときには、あえて勉強をせず、ストレスをためないように意識をしていました。

―― 直前期はどう過ごしていましたか？

　直前期は、自分でまとめた自分の弱点ノートを見直していました。自分には、問題文を読み飛ばす・事情を拾い落とすなどの弱点があったため、本番でその失敗をしないよう、何度もノートを見ることで注意を喚起しました。また、何とかなるでしょうという気軽な心構えで試験を迎えました。

―― 試験期間中の過ごし方は？

　普段と違うことはせず、普段と同じ行動をするように心掛けました。また、辛い物や冷たい物など、体調を崩す可能性のある物は食べないよう気をつけました。

―― 受験した時の手ごたえと合格した時の気持ちを教えてください。

　短答式試験は落ちたと感じましたが、実際には合格できていたので、スタートラインに立てたという安心感がありました。

　論文式試験は初受験だったため、よくできたのかできなかったのかも分かりませんでした。そのため、論文合格を知った時は嬉しい気持ちと驚きの気持ちが半々でした。

　口述式試験は、完璧にはほど遠い手ごたえでしたが、合格しているとは感じていました。実際に合格していると知ったときには安堵しました。

―― 振り返ってみて合格の決め手は？　合格にアガルートの講座はどのくらい影響し

ましたか？

　合格の決め手は，アガルートを信じて手を広げ過ぎなかったことであると感じています。アガルートの講座のみを繰り返すことによって盤石な基礎固めをすることができたと思います。そのため，上記の講座は，今回の合格に大きく影響していると考えます。

── アガルートアカデミーを一言で表すと？

　「合格塾」です。

── 後進受験生にメッセージをお願いします。

　予備試験は出題範囲が広く，受験は長期間の闘いになると思います。ですので，無理をし過ぎず，ストレスをためない勉強方法を模索することが大事だと思います。

　また，私は，模範答案とは程遠い答案しか書けずにいました。しかし，それでも結果的に合格できていることから，合格するためには模範答案ほどの答案を書ける必要はないと分かりました。そのため，完璧な答案を書けなくとも，気にすることなく勉強を進めていただければと思います。

　同じ法曹を目指す仲間として，これからも勉強を頑張りましょう。

Profile

福澤 寛人 (ふくざわ・ひろと) さん

21歳，慶應義塾大学4年生。
在学中に受けた2回目の予備試験で合格を勝ち取る。短答1770位，論文106位。
その後，令和元年度司法試験1回目合格。

INTERVIEW

秋月 亮平 さん

京大ロースクール2年次に予備試験合格後中退。
平成30年度司法試験総合56位合格

—— 法曹を目指したきっかけを教えてください。

　文学部在籍時，専攻を変更した影響で1年留年が決まっていたところ，父に，「暇なら予備試験でも受けてみたら」と言われたのをきっかけに勉強開始。公務員試験で勉強経験のない商法，訴訟法の勉強をしているうちに法律そのものが面白くなり，予備試験には不合格だったものの，法律を職業にしたいと思い，本格的に司法試験を目指すようになった。

—— アガルートとの出会いは？

　2年連続で予備試験不合格となり，親から予備校の利用を勧められた。そこで，私が前年より使用し始めていた市販の論証集の著者が開いているというアガルートというところにした。理由は，安いからである。

—— どのように勉強を進めていましたか？

　予備試験3回目の年は，クラスの中で予備試験を目指している友人と仲良くなり，短答合格後，論文試験に向け，励まし合いつつお互いに予備試験の過去問を書いたものを見せ合うということをやった。

　論文合格という驚天動地の出来事に目を白黒させながら口述対策を慌てて始めた。予備校で口述模試を受ける他は，法律実務基礎科目対策講座を読んで要件事実，刑事手続を詰め込んだ。また，民事訴訟の手続（執行保全含む。），刑法各論の構成要件の暗記も行った。

　司法試験へ向けては，1月半ばから，過去問を書き始めた。しかし，予備試験後からのブランクを差し引いても，本試験の問題がそう簡単に書けるわけがない。ここから，模試と本試験まで，途中答案病に呻吟することとなる。

　2月以降，他の予備校に週2回答練に通った。過去問を書いた感触からして，自分の最大のアキレス腱は途中答案であると確信していたので，問題文の読み方や答案構成のやり方はもちろん，ペンについても試行錯誤していかに時間内に書

き切るかに課題を絞った。

—— 受講された講座と，その講座の良さ，使い方を教えてください。

【総合講義100】

　試験に要求される必要十分条件（必要条件でも，十分条件でもない。）を満たした知識がコンパクトに盛り込まれている。薄くて（商法のテキストを見たときはのけぞった。シケタイやCbookしか見たことがなかったから。），持ち運びに便利なだけでなく，そもそも読む気が起きる。

　初めは講義とともに通しで受け，その後はアドホックに該当箇所を参照していた。公法，刑事は判例知識が乏しかったため，特定の分野の判例を何度も何度も読んで，目が開かれた（例えば行政法の原告適格の判例だけを繰り返し読んで講義を聴くうち，個々の判例の内容も頭に入るようになったし，問題を解くときに判例を地図にして判断できるようになった。）。そのため，一番役に立ったのは判例の解説だったと思う。

【論証集の「使い方」】

　徹底して判例・調査官解説・通説に準拠しており信頼性が抜群である。キーワードと規範（判例が使っている理由づけ含む。）にマークして，流し読みを繰り返す。たまにじっくり読む機会を作って，1つ1つの文の意味を本当に理解しているか，換言すればそれをくだけた言葉遣いででも他人に説明できるだろうかということを問いながら読むと，実はよくわかっていないということがわかったりする。巷で言われている通り確かに論証が長めだが，その分いつまでも発見が尽きない。講義も音楽感覚で聴いていたが，やはり論証を手元に置いて先生が言っているポイントを書き込んでしまう方が話が早い。

【重要問題習得講座】

　論点の網羅性が高く，論証の真の「使い方」はこの講座で体得した気がする。使い方としては，法律的な構成と論点抽出を正しくできるかに力点を置いて，あてはめは，最悪あまり上手くなくても気にせずクリアということにしていた。1周目の出来を○，△，×に分け（救急医療の用語でトリアージと呼んでいた。），×の問題だけ繰り返すようにしていた。あまりクリア基準を厳しくしすぎると優先順位を上手く割り振れないため，△は甘めにしていた（小さな論点落としなど。）。

—— 学習時間はどのように確保していましたか？

　ロースクールの予習復習はあまりしていなかったので，授業時間以外は基本的に自分の勉強時間にあてることができた。もっといえば授業中も論証を読んでいたりしていた。また，電車での移動時間に論証や総合講義を読む（聴く），肢別本を解くなどもした。

　ロースクールに行かなくなってから直前期までは，昼に自習室に行き，過去問

や重問をメインで勉強し，夜9時すぎに帰っていた。他予備校の答練がある日は，答練後自習室に戻り，答練で出た分野の復習をすることが多かった。

── 振り返ってみて合格の決め手は？　合格にアガルートの講座はどのくらい影響しましたか？

　　決め手を1つに絞るのは難しいので2つ挙げると，論証だけはしっかり覚え（る努力をし）たのと，わからない問題からはさっさと逃げたことだと思う（私は「損切り」と呼んでいた。）。

　　論証集の「使い方」を繰り返し聴き，問題の所在や規範自体の意味まで学べたので，法律論はもちろんのこと，あてはめまで充実させることができた。予備試験から司法試験で共通しているのは総合講義と論証集なので，この2つが決定的に影響したと思われる。

── アガルートアカデミーを一言で表すと？

　　「合法ドーピング」

── 後進受験生にメッセージをお願いします。

　　司法試験に合格するのは，他ならぬ「あなた」しかいません。合格者の言うことは金科玉条では全くなく，ネットやロースクールで出回る噂は基本眉唾です。予備校もそうで，所詮あなたが使い倒すべき駒の1つにすぎません。どれを捨て，どれを活かすかもあなたが自由に決めてよいのです。どんな些細な情報にも，振り回されず，フラットに受け止めて，たくさん捨て，たくさん活かしてください。

秋月 亮平（あきづき・りょうへい）さん　*Profile*

25歳，京都大学文学部卒業，京都大ロー未修コース中退。
予備試験は学部5回，ロー1年次で不合格後，2年次に合格。
平成30年度司法試験1回合格（総合56位）。

〈編著者紹介〉

アガルートアカデミー

大人気オンライン資格試験予備校。2015年1月開校。

● 司法試験，行政書士試験，社会保険労務士試験をはじめとする
法律系難関資格を中心に各種資格試験対策向けの講座を提供し
ている。受験生の絶大な支持を集める人気講師を多数擁する。
合格に必要な知識だけを盛り込んだフルカラーのオリジナルテ
キストとわかりやすく記憶に残りやすいよう計算された講義で，
受講生を最短合格へ導く。

● 近時は，「オンライン学習×個別指導」で予備試験・司法試験の
短期学習合格者を続々と輩出する。

アガルートの司法試験・予備試験
実況論文講義　商法

2020年2月1日　初版第1刷発行
2022年8月1日　初版第2刷発行

編著者　アガルートアカデミー

発行者　アガルート・パブリッシング
〒162-0814　東京都新宿区新小川町5-5　サンケンビル4階
e-mail：customer@agaroot.jp
ウェブサイト：https://www.agaroot.jp/

発売　サンクチュアリ出版
〒113-0023　東京都文京区向丘2-14-9
電話：03-5834-2507　FAX：03-5834-2508

印刷・製本　シナノ書籍印刷株式会社

すべては受験生の最短合格のために

AGAROOT
ACADEMY

アガルートアカデミー ｜ 検索